Lever de soleil sur le barranco *de Masca, dans le massif de Teno*

Bienvenue à Tenerife ! Une île d'embruns et de roches. Des reliefs tantôt luxuriants, tantôt désertiques. Des sommets vertigineux, qui plongent dans les profondeurs de l'océan et croisent l'entrée de grottes souterraines. Tenerife cultive les contrastes de la nature aussi bien qu'elle revendique son métissage culturel. Carrefour de civilisations européennes, africaines et sud-américaines, terre de conquérants, de pirates puis de touristes, la plus connue des îles des Canaries est un condensé de l'archipel. De terrasses océaniques en villages d'altitude, on goûte à des traditions populaires et culturelles réjouissantes, pour finalement se laisser happer par une douceur de vivre toute canarienne.

LES INCONTOUR-NABLES

Les rues de La Laguna

Demeures seigneuriales rouges, roses et ocre s'alignent majestueusement le long de places et d'allées aux pavés lisses. Sa conception en quadrillage, révolutionnaire pour le XVᵉ s., vaut à la ville d'être classée par l'Unesco. En marquant l'entrée dans le Nouveau Monde, La Laguna est devenue historique. **Voir p. 40.**

Le parc national du Teide

Traverser le désert, s'aventurer sur la Lune, sillonner une terre poussiéreuse, rouler sur une roche verte et jaune, grimper au sommet d'un volcan… La découverte du parc Las Cañadas del Teide est un voyage splendide à travers l'histoire volcanique de l'île… **Voir p. 67.**

Le Lago Martiánez

Vous le verrez, l'influence de Manrique se ressent un peu partout sur l'île. À Puerto de la Cruz, dans ces sept piscines creusées dans la roche, elle se fait balnéaire et rétro. Et l'on se jette avec délectation dans leurs eaux bleutées. **Voir p. 98.**

La Playa de Las Teresitas

L'une des plus belles plages de l'île, et probablement la plus chère au cœur des Tinerfeños. Avec son atmosphère inégalable, mélange de fête balnéaire, de vision caribéenne et de kermesse familiale, c'est le spot de baignade par excellence **Voir p. 29.**

Les balcons de La Orotava

Témoignage vivifiant de la prospérité passée de Tenerife, La Orotava conserve un charme nostalgique, propice à la flânerie. Le long de la calle de San Francisco, c'est le nez en l'air que l'on s'extasie devant les fameux balcons ouvragés des nobles maisons. **Voir p. 80.**

Masca et son canyon

Un village suspendu à la roche, au-dessus d'un *barranco* brûlé par le soleil. Que l'on s'y aventure pour un repas en terrasse ou pour une randonnée intense, l'expérience reste mémorable. **Voir p. 124 et 131.**

Le mirador Pico del Inglès

Vertigineuse est la vue, splendide est l'horizon. Ce belvédère au sommet du mont Anaga offre une vue circulaire qui couvre les deux versants de l'île, jusqu'au Teide et à l'île de Gran Canaria. De quoi devenir poète ! **Voir p. 55.**

Le MUNA de Tenerife

Au Museo de Naturaleza y Archeología, on ira voir en particulier les momies guanches, dont l'incroyable conservation a permis de mieux comprendre les us et coutumes du peuple originel des Canaries. **Voir p. 25.**

Le Jardin botanique de Puerto de la Cruz

Des arbres immenses, originaires du monde entier, sont conservés précieusement dans ce splendide jardin d'acclimatation. Considéré comme l'un des plus beaux du monde, il est aussi l'un des plus étudiés par les botanistes, fascinés par la rareté de certaines espèces. **Voir p. 99.**

Les falaises de Los Gigantes

Une plongée abrupte dans l'océan bleu marine. Les falaises des Géants forment un panorama à couper le souffle. Qu'on les admire de la terre ou de la mer, le spectacle est majestueux. Et le ballet de cétacés qui se joue à leur pied ajoute encore à l'émerveillement. **Voir p. 125.**

EXPÉRIENCES UNIQUES

Approcher les baleines...

... en embarquant à bord de l'un des bateaux qui longent les **falaises de Los Gigantes** ou qui s'échappent au large des côtes de **Los Cristianos**. À défaut de baleines, c'est un ballet de dauphins, de cachalots ou d'autres animaux marins que vous observerez... **Voir p. 128, 129 et 140.**

Regarder le soleil en face...

... grâce aux télescopes filtrants de l'**observatoire du Teide**. Dans ce site extraordinaire, l'observation du ciel, de jour comme de nuit, est une expérience accessible à tous. **Voir p. 66.**

Assister aux processions de la Semaine sainte...

... à **La Laguna** et surtout à **La Orotava**, l'une des plus singulières des Canaries, et se laisser envoûter par la ferveur populaire et le spectacle des *pasos*, chars figurant les scènes de la Passion, plus grandioses les uns que les autres et qui défilent lentement aux côtés des différentes confréries.
Voir p. 152.

Déjeuner dans une *guachinche*...

... pour goûter la cuisine canarienne traditionnelle et vivre au rythme des locaux. Attablez-vous dans l'une de ces tavernes typiques, généralement rattachées à une exploitation viticole et agricole, où l'on forme le menu à partir de la récolte du jour. **Voir p. 149.**

Grimper au sommet du Pico del Teide...

... au petit matin pour assister au lever du soleil. La mer de nuages à vos pieds, vous verrez la roche s'embraser et la lumière dévoiler les reliefs du parc national. Un spectacle inoubliable. **Voir p. 69.**

Se baigner dans une piscine naturelle...

... façonnée par le volcanisme ! L'océan s'engouffre entre les roches noires, formant des zones de baignades sauvages et magnifiques. À découvrir au **Charco de la Laja** ou à **Garachico**. **Voir p. 110 et 114.**

Visiter une bananeraie…

… à la **Casa del Plátano** d'Icod de los Vinos, à la fois exploitation agricole et musée dédié à la banane, et s'enfoncer dans une jungle tropicale, au cœur de laquelle pousse le produit emblématique de l'île ! **Voir p. 112.**

Vivre le Carnaval de Santa Cruz…

… durant lequel, chaque année, des centaines de milliers de participants dansent au son des *rondallas* et des *murgas*. Laissez-vous emporter par la folie et la démesure de cet événement, le plus brésilien de tous les carnavals européens. **Voir p. 38-39.**

Explorer les fonds marins…

… du Barranco Seco ou de Puerto Adeje, grâce aux différents clubs de plongée locaux, pour évoluer au milieu des tortues marines et des poissons multicolores. **Voir p. 129 et 141.**

NOS ADRESSES COUPS DE CŒUR

Tables gourmandes traditionnelles ou créatives, terrasses avec vue sur la mer, vins rouge profond, hébergements de charme... Voici la sélection 100 % locale de Manon, notre auteure.

Sabela

Mon cœur s'emballe pour ces mini-sandwiches, croqués sur la secrète plaza Ireneo Gonzáles ou dans la salle de ce resto design.

Voir p. 33, Santa Cruz de Tenerife, visite 1.

Casa Africa

Une table familiale chaleureuse, face à l'une des plus belles plages de l'île, Roque de las Bodegas. Le bonheur est en terrasse !

Voir p. 55, Le Parque Rural de Anaga, visite 3.

Pescaderia Street

Un festival de coquillages et de fruits de mer à se damner, au cœur de l'ambiance festive de Puerto de la Cruz. Tout y est !

Voir p. 95, Puerto de la Cruz, visite 6.

Pescaderia Street

Sabela

Parador Las Cañadas del Teide

Agora Bar & Café

Une *cerveza* et quelques olives, à déguster en terrasse, sur l'une des plus jolies places de La Ranilla, à Puerto.

Voir p. 102, Puerto de la Cruz, visite 6.

Bodegas Monje

Une dégustation de vins dans les collines viticoles d'El Sauzal, avec en prime un menu du jour savoureux.

Voir p. 117, La côte autour de Puerto de la Cruz, visite 7.

Regala Vinoteca

L'ambiance huppée de ce bar à vins du Gran Hotel sied parfaitement à l'élégance de La Laguna.

Voir p. 50, La Laguna, visite 2.

Mercado La Recova

Ce marché me met particulièrement en joie, avec ses stands gourmands, ses cours de gym improbables et sa poissonnerie cachée.

Voir p. 26, Santa Cruz, visite 1.

Mercado La Recova (Nuestra Señora de Africa)

Parador Las Cañadas del Teide

Pour dormir au cœur d'un désert lunaire, avec en prime une sortie de nuit pour observer l'un des ciels les plus purs du monde.

Voir p. 72, Le Teide et les terres de l'intérieur, visite 4.

UN GRAND WEEK-END SUR MESURE À TENERIFE

En quatre jours, vous pourrez déjà avoir un bon aperçu des paysages variés de l'île et de ses plus belles villes, en mixant balades culturelles et activités sportives. Sans oublier une touche balnéaire toujours bienvenue !

J1

Matinée : La Laguna

Commencez par suivre une visite guidée du **centre-ville**, le long des *calle* Agustín et Obispo. À compléter par la découverte de la **Casa-Museo Cayetano Gómez Felipe** pour un bel aperçu de l'architecture canarienne, ou un tour au **MHAT** afin de mieux connaître l'histoire de l'archipel. On finira par quelques tapas dans l'une des belles adresses du centre. **Visite 2.**

Après-midi : parc d'Anaga

Cap en voiture sur la **route des Crêtes**, à travers ce luxuriant parc rural. Arrêtez-vous à l'un de ses nombreux **belvédères** pour la vue sur les deux versants de la montagne. Une petite **randonnée dans la forêt** permet de découvrir l'étonnante laurisylve. La route file ensuite jusqu'à **Benijo**, une plage à l'extrémité nord de l'île qui offre un splendide panorama sur des rochers déchiquetés. Terminez dans une *cofradía* de Bajamar, un *pulpito* dans l'assiette. **Visite 3.**

J2

Parc national du Teide

Une journée entière ne sera pas de trop pour découvrir l'incroyable beauté du parc national du Teide.

En suivant la **Carretera Dorsal**, qui rejoint l'entrée nord, on pénètre doucement dans l'atmosphère volcanique de la zone du Teide, observant la flore changer, se raréfier, et la roche se métamorphoser.

Au départ d'El Portillo, on se lance sur la **route TF-21**, qui passe par les différents sites du parc, des vertes Minas de San José à l'étrange formation rocheuse du Zapato de la Reina en passant par les champs de lave.

Et, bien sûr, on prend le temps de monter (à pied ou en téléphérique) au **Pico del Teide**, pour se retrouver au sommet de l'Espagne (3 550 m) et découvrir une vue à couper le souffle.

Quant aux marcheurs, ils s'en donneront à cœur joie sur les différents sentiers qui sillonnent le parc national. **Visite 4.**

Paseo Marítimo de Puerto de la Cruz

J3

Matinée : La Orotava

Balade le nez en l'air dans les rues de cette belle cité coloniale aux fameux balcons de bois ouvragés, dont la **Casa de los Balcones**, qui ouvre ses portes aux curieux. La promenade passe par deux superbes **jardins** mêlant exotisme et botanique. Un déjeuner léger plaza de la Constitución, au cœur de la vieille ville, vous permettra de sentir le pouls de cette enclave historique de Tenerife. **Visite 5.**

Après-midi : Puerto de la Cruz

Visite de la plus espagnole des stations balnéaires de l'île. Après un tour sur le *muelle* et dans la calle Santo Domigo, prélassez-vous sur la **Playa Jardín**, entre les cocotiers. Si vous n'êtes pas d'humeur balnéaire, direction le **Loro Parque**, pour une aventure haute en couleurs. À la nuit tombée, rendez-vous dans les jolies rues du quartier de **La Ranilla** pour dîner en terrasse au son des concerts de rue. **Visite 6.**

J4

Matin : massif de Teno

Départ de bonne heure pour la splendide **route TF-436** qui serpente à travers le Parque Rural de Teno, un parc naturel sauvage à la beauté brute. Marquez un arrêt au **mirador de Barracán** pour embrasser du regard les reliefs découpés du massif, et réservez-vous le temps d'une **randonnée** sur l'un des sentiers du Teno. Pour le déjeuner, optez pour le village suspendu de **Masca**, perdu au-dessus d'une gorge. **Visite 8.**

Après-midi : Los Gigantes

Pour observer ces extraordinaires **falaises géantes**, rendez-vous au mirador de Archipenque, ou faites une **croisière en bateau**, qui vous permettra aussi d'apercevoir des baleines et des dauphins. **Visite 8.**

Vous êtes d'humeur aquatique ? Pourquoi ne pas opter pour une session plongée au large de **Playa San Juan** ou, plus au sud, de **Playa de las Américas** ? Vous pourrez alors finir la journée dans la riante station balnéaire d'**El Médano**, pour une ambiance windsurf et tapas du plus bel effet ! **Visite 9.**

SI VOUS PROLONGEZ VOTRE SÉJOUR

Quelques jours de plus à Tenerife vous permettront de découvrir l'île plus en profondeur et d'apprécier sa douceur de vivre. Voici des idées de visites et d'activités dans lesquelles piocher en fonction de vos goûts et de vos envies. N'hésitez pas non plus à passer une demi-journée dans la capitale, Santa Cruz, dont les multiples adresses réservent de belles soirées.

Volcanisme

Après la visite le parc du Teide, faites un tour par les **centres d'interprétation d'El Portillo** (p. 67) ou de **Santiago del Teide** (p. 124), pour mieux comprendre le phénomène volcanique. Prolongez l'expérience en vous engouffrant dans la **Cueva del Viento** (p. 112), ou en sautant dans les piscines naturelles formées par la lave, au **Charco de la Laja** ou à **El Caletón** (p. 110 et 114). Cette dernière sera aussi l'occasion de découvrir le village de **Garachico** (p. 113), qui fut détruit par l'une des plus grandes éruptions volcaniques récentes.

Randonnée

Tenerife est *la* destination rando par excellence ! Avec trois splendides parcs naturels, le **massif de Teno**, le **parc rural d'Anaga** et le **parc national du Teide**, l'île offre des panoramas sauvages et des sentiers pour tous les niveaux. Voir nos **propositions de randonnées** au fil du guide. À vos crampons !

Plage et sports nautiques

Comment passer à côté des rivages ténérifiens, dont les courbes réservent, selon les spots, différents plaisirs nautiques ? Pour le surf, on se mesure aux vagues de **Benijo** ou de **Roque de las Bodegas** (p. 56). Pour le windsurf et le kitesurf, on opte pour la très ventée **El Médano** (p. 136). Quant

Kitesurfeur au large d'El Médano

Le site des pyramides de Güímar

aux amateurs de *farniente*, qu'ils se rassurent : sur tout l'est et le sud de l'île, les options plage sont réjouissantes, de **Las Teresitas** (p. 29) à **Las Américas** (p. 134) !

Hors des sentiers battus

Vous aimez les ambiances locales et les chemins de traverse ? Filez au nord vers **El Sauzal** et sa Casa del Vino pour une dégustation de vins et produits locaux (p. 108), ou dans le charmant centre-ville de **Tacoronte** (p. 109). Promenez-vous dans les rues de **Candelaria** (p. 30), de **Vilaflor** (p. 71) ou de **Buenavista del Norte** (p. 122), à l'atmosphère villageoise. Vous pouvez aussi faire un tour au très sympathique musée d'anthropologie de **Valle de Guerra** (p. 110) ou sur l'étonnant site des **pyramides de Güímar** (p. 30).

Tenerife sans voiture

Deux options pour découvrir l'île à pied ou en transports en commun :

- **Option Nord.** On navigue entre la bouillonnante capitale **Santa Cruz** et la noble **La Laguna** grâce à un tramway bien pratique (p. 18). Et pour profiter de la plage, le bus vous mène sur les rives dorées de **Las Teresitas**, la grande plage de Santa Cruz !
- **Option Sud.** Vous préférez découvrir le sud de l'île et ses longues plages de sable ? Choisissez l'une des formules *all inclusive* des hôtels de **Playa de las Américas** ou de **Los Cristianos**, qui assurent le gîte et le couvert ainsi qu'une foule d'activités de sports et loisirs. Des bus relient facilement ces stations balnéaires aux grandes attractions de l'île, comme le Loro Parque.

VISITER TENERIFE

Playa de Las Teresitas, la grande plage de Santa Cruz

À SAVOIR

Où loger ?

Tout dépend de votre programme, mais sachez qu'à Tenerife, rien n'est loin et que l'on fait rapidement le tour de l'île par la **voie rapide TF-1**.

- **À Santa Cruz, La Laguna ou La Orotava**, pour un séjour culturel et historique.
- **À Puerto de la Cruz**, pour un condensé canarien de restos, plages et activités familiales.
- **Sur la côte sud**, avec ses hôtels *all inclusive*, pour profiter du soleil, de la plage et des activités sportives.
- **Dans l'intérieur des terres**, dans les *fincas* et autres *casas rurales*, si vous recherchez une atmosphère locale et plus proche de la nature.

Se déplacer

Dans les **villes**, on se déplace plus facilement à pied et en transports en commun.

Pour accéder aux **régions plus sauvages**, il vous faudra impérativement une voiture. Les routes, même en dehors des deux voies rapides nord et sud (voir p. 146), sont bonnes, bien que sinueuses. Vous n'aurez aucun mal à louer une voiture sur place (agences internationales présentes à l'aéroport et dans les grandes stations balnéaires).

En bus *(guagua)* et tram

La **compagnie Titsa** dessert toutes les localités de l'île ainsi que les lieux incontournables tels que le parc national du Teide ou les principales plages. Il existe 180 lignes urbaines et interurbaines, dont **2 lignes de tram** reliant Santa Cruz à La Laguna (prix d'un ticket urbain).

Le **prix du ticket** (de 1,45 € à 14,60 €) est fonction de la distance. Si le trajet est supérieur à 20 km, un ticket A/R (le même jour) sera 10 % moins cher que deux tickets simples.

***Titsa :** ☎ 922 53 13 00 • www.titsa.com • Appli : Ten + mobile • Tickets en vente dans les kiosques et aux stations de bus ou à bord (prix majoré) • Gratuit - de 5 ans.*

Cartes multi-trajets

- Pour un usage fréquent du bus, la **Tarjeta Monedero Ten+**, vendue 2 € dans les points de vente Titsa, peut être chargée du montant de votre choix (de 5 à 100 €) et utilisée par plusieurs passagers.
- Voyages illimités également avec la **Day Travelcard** : 10 € (+ 2 €) pour 24h ; 70 € (+ 2 €) pour 7 jours (7 Days Travelcard).

Bon à savoir

Sur le site de Titsa, une **carte interactive** conçue pour les touristes signale les lignes de bus ou de tramway permettant de relier les principaux points d'intérêt de l'île.

En taxi

Centrale de réservation pour toute l'île :

Servitaxi Tenesur :* ☏922 74 75 11 • *www.servitaxitenesur.com

Infos touristiques

Site officiel d'information touristique pour Tenerife : *www.webtenerifefr.com*

En français, rassemble toutes les infos pratiques pour organiser votre visite de l'île.

Site officiel d'information touristique pour la région des Canaries : *www.holaislascanarias.com/tenerife*

Office de tourisme de Santa Cruz de Tenerife : *Plaza de España (au N. du bassin) • ☏922 89 29 03 • www.elcorazondetenerife.com • Lun.-ven. 9h-17h, sam.-dim 9h-14h.*

Office de tourisme de La Laguna : *Calle Obispo Rey Redondo, 7 • ☏648 413 245 • turismo.aytolalaguna.es • Lun.-ven. 9h-13h30.*

Office de tourisme de Puerto de la Cruz : *Calle Las Lonjas • ☏922 38 14 90 • visitpuertodelacruz.es • T.l.j. 9h-20h.*

Astuces petits budgets

- À **Santa Cruz**, la Casa del Carnaval (p. 27), le TEA (p. 26) et le Museo de Bellas Artes (p. 22) sont **gratuits**, ainsi que le MUNA les ven. et sam. à partir de 16h (p. 25).
- À **La Laguna**, l'entrée est libre au Museo Santuario del Cristo (p. 46) ainsi que les ven. et sam. 16h-19h au MHAT (p. 45), et l'office de tourisme propose des visites historiques gratuites de la ville (p. 41).
- À **La Orotava,** accès libre au Museo de Artesanía Iberoamericana (p. 84).
- Dans le **parc national du Teide** (p. 67) et à **La Orotava** (p. 85), les 2 Centres des visiteurs du Teide sont également en accès libre (et passionnants !).
- **Sur la côte sud**, sachez que les petites pensions sont rares et toujours complètes, et que la majorité des hôtels répondent aux normes 3 ou 4-étoiles, les prix variant en fonction de la proximité avec la mer et de la vue. Pour payer moins cher, mieux vaut **passer par un voyagiste**.

Conseil

Si vous souhaitez accéder au **sommet du Pico del Teide,** pensez à demander un **permis** 2 à 3 mois avant votre venue à Tenerife (voir encadré p. 67).

Idem pour l'accès au **Barranco de Masca** (p. 131).

De même, si vous voulez découvrir l'**observatoire de Tenerife** (p. 66), réservez à l'avance une visite guidée.

SANTA CRUZ DE TENERIFE

1

Santa Cruz cultive des airs madrilènes, la fraîcheur océanique en plus. La capitale de Tenerife (210 000 habitants) n'est pas à proprement parler une « belle ville », mais il est agréable d'y flâner pour profiter de son atmosphère très espagnole. Son animation authentique, ses boutiques, ses restaurants, son dynamisme architectural et l'activité de son port lui confèrent un intérêt certain. En plus de son centre-ville très vivant et du vieux Barrio de la Concepción, entièrement réhabilité, Santa Cruz s'étend à l'ouest, autour d'un centre de congrès et d'un auditorium futuriste dessiné par Santiago Calatrava.

La calle Antonio Domínguez Alfonso et le clocher de l'église de la Concepción

Le centre-ville

1 Plaza de España✦✦

Plus qu'une place, c'est une vaste esplanade inondée de soleil et tournée vers la marina, qui traduit bien l'identité de la capitale : maritime, contemporaine, mais aussi attachée à son histoire. Dessinée à la veille de la guerre civile en 1929, cette grand-place circulaire a été réaménagée en 2008 par les architectes Herzog & Meuron et embellie d'un grand bassin central à l'eau bleu turquoise *(lago)*.

Ornée d'un monument portant une grande croix rappelant la fondation de la ville, la place est dominée par l'imposant bâtiment de la poste, par la tour du **Cabildo Insular** (bâtiment du Conseil insulaire, 1940), et par l'ancien **casino** de style Art déco (1935). Le chantier des années 2000 a révélé de maigres vestiges du

Plaza de España

château de San Cristóbal, construit en 1558 pour protéger la ville.

❷ Plaza de la Candelaria✦

Autour de cette autre place emblématique qui s'étire à l'angle sud de la plaza de España se déploient de nombreuses terrasses ombragées de palmiers. Souvent animée de concerts et d'événements, la plaza de la Candelaria abrite l'**obélisque du Triunfo de la Candelaria** qui évoque la sainte patronne de l'île, la Vierge de Candelaria.

Parmi les bâtiments intéressants, remarquez le **Palacio de Carta**, baroque (1752), et l'ancienne **Cámara Oficial de Comercio, Industria y Navegación**, de style Art déco.

❸ Autour de la calle del Castillo✦

Santa Cruz est le temple du shopping à Tenerife, et la **calle del Castillo** en est le cœur. Si

Un destin de capitale

Le 3 mai 1494, le conquistador Alonso Fernández de Lugo débarque ici et fait élever une croix de bois, la *Santa Cruz*. La ville prend de l'importance au cours du XVIe s., mais elle passe pour un repaire d'aventuriers et de mercenaires. Au XVIIIe s., le déclin du port de Garachico est une chance : c'est à Santa Cruz, désormais, qu'accostent les bateaux venus du Nouveau Monde. La plupart des administrations s'y installent, mais il faudra attendre 1822 pour que la ville soit promue au rang de capitale des Canaries. Elle gardera ce titre jusqu'à la création, en 1927, de la province des Canaries orientales, dont la capitale est Las Palmas de Gran Canaria.

l'on y retrouve toutes les célèbres franchises espagnoles, on profite aussi de l'ambiance animée de cette belle rue jalonnée de bâtisses du début du XXe s

Les **rues perpendiculaires** Valentin Sanz, Viera y Clavijo ou Teobaldo Power comptent également de nombreuses boutiques. On s'y arrête aussi bien pour chiner une robe que pour boire un café ou grignoter quelques *pimientos del Padron.*

4 Plaza del Príncipe de Asturias⁺⁺

Une oasis dans la chaude frénésie de Santa Cruz Ficus ! Palmiers et lauriers d'Inde végétalisent cette place aux allures de jardin romantique. Un kiosque central accueille régulièrement des concerts et des événements populaires. Quelques discrètes statues évoquent les saisons de l'île, tandis que de la cafétéria s'échappe une odeur de café *corto y bollos...*

5 Museo de Bellas Artes⁺

Les statues de célèbres Canariens, comme Teobaldo Power, Angel Guimera ou encore Bethencourt y Molina, ornent l'extérieur de ce musée dédié aux beaux arts. Si la pièce maîtresse est flamande – un grand **triptyque de la Nativité** peint par le Flamand Pieter Coecke Van Aelst (1546) et

Parque García Sanabria 6
Playa de Las Teresitas 17
Plaza del Príncipe de Asturias 4
Museo de Bellas Artes 5
Iglesia de San Francisco
Estación Marítima
Plaza de la Candelaria 2
Plaza de España 1
CONCEPCIÓN
Cabildo Insular
Calle del Castillo 3
Tenerife Espacio de las Artes 11
Nuestra Señora de la Concepción 8
MUNA (Museo de Naturaleza y Arqueología) 10
Mercado Nuestra Señora de África 12
C. A. D. Alfonso 9
Casa del Carnaval 13
Auditorio de Tenerife Adán Martín 14
PLAZA DEL VEINTICINCO DE JULIO
PLAZA DEL PARQUE RECREATIVO
PLAZA DEL GENERAL WEILER
PLAZA MILITAR
PLAZA SANTO DOMINGO
PL. ISLA DE LA MADERA
PLAZA DE SAN FRANCISCO
PLAZA DE LA IGLESIA
PLAZA S. C. DE LA SIERRA
PLAZA DE LA PRESIDENCIA
PUERTE DEL GAL. SERRADOR
Calle Costa y Grijalba
Calle de Méndez Núñez
Calle de Numancia
Callao de Lima
Calle de Viera
Calle del Pilar
Calle de Santiago
Calle de La Rosa
Calle de San Juan Bautista
Calle de San Francisco
Calle de la Marina
Avenida de Francisco La Roche
Av. del Veinticinco de Julio
C. de Robayna
C. S. Berthelot
C. J. Nazareno
C. de San Clemente
Clavijo
C. P. Galdós
C. J. de Padrón
C. Ruiz de Padrón
C. J. Murphy
C. B. Alfonso
Calle de Alfaro
Calle de Carmen Monteverde
Calle de A. Guimerá
Calle de Ramón y Cajal
C. Aguere
Calle de San Sebastián
Calle de V. Sanz
C. de Imeldo Seris
C. Sto. Domingo
C. G. Gutiérrez
Avenida de la Rivera
Antonio Primo de Rivera
Avenida de Bravo Murillo
Avenida de José
Calle de Los Molinos
C. de Leoncio Rodríguez
Calle de J. Hernández Alfonso
Calle de Buenos Aires
Calle Fomento
OCÉAN ATLANTIQUE
N
0 100 200 m

apporté de Bruxelles à Tenerife par le commandant militaire Tomas Grimon (de la famille fondatrice de Tenerife, Nava y Grimon) –, le musée offre aussi l'occasion de découvrir des maîtres canariens du XIXe s., dont l'art révèle un profond enracinement dans l'archipel.

Calle José Murphy, 12 • ✆922 60 94 46 • Mar.-ven. 10h-20h, sam.-dim. 10h-15h (14h juil.-sept.) • Entrée gratuite.

6 Parque García Sanabria**

À la fois jardin botanique et musée de sculptures contemporaines en plein air, ce parc aux allures de jardin secret est le poumon vert de Santa Cruz. Sans y prêter attention, on passe et repasse inlassablement sur ses allées pavées, tant l'endroit est attachant. Au cœur de cette jungle tropicale, on entend des rires d'enfants, quelques notes de guitare ou le chant des oiseaux à la tombée de la nuit. Et le dimanche, on vient y boire le café attablé dans l'un des kiosques.

7 Rambla de Santa Cruz*

Voilà bien une promenade typiquement espagnole, qui permet de découvrir l'architecture de la ville. Cette *rambla* s'étire au nord-ouest du centre-ville, en une longue voie ombragée et piétonne. C'est l'occasion d'admirer les belles **villas** privées du début

Parque García Sanabria

du XXe s., notamment sur la portion qui relie la plaza de Toros (fermée en 2003, les corridas étant interdites aux Canaries depuis 1991) au parc García Sanabria.

Le Barrio de la Concepción

L'entrée dans le Barrio de la Concepción, le quartier historique de Santa Cruz, se fait par la jolie plaza de la Iglesia, entourée de maisons du XVIIe s.

8 Iglesia Nuestra Señora de la Concepción✦

Toute blanche et ornée de pierre volcanique, c'est la plus ancienne église de Santa Cruz (XVIe-XVIIIe s.), et la plus importante de la ville – si bien qu'elle est surnommée « cathédrale de Santa Cruz ».

À l'intérieur, sous le beau **plafond de bois sculpté**, on découvre plusieurs retables et statues baroques, mais aussi la fameuse *Santa Cruz*, rapportée d'Espagne par Fernando Lugo en 1497 et qui servit lors de la première messe de l'île sur la plage d'Añaza, marquant ainsi la fondation de la ville.

Plaza de la Iglesia, 2 • Ouv. pendant les offices.

9 Calle Antonio Domínguez Alfonso✦✦

Avec ses maisons traditionnelles aux couleurs vives et ses vénérables lauriers, cette rue est l'une des plus anciennes, et probablement l'une des plus charmantes de la ville. L'ambiance très locale est entretenue par la multitude de bars et de restaurants qui déploient leurs terrasses sur les pavés et accueillent une population cosmopolite de plus en plus branchée à mesure que l'on avance dans la soirée.

10 Museo de Naturaleza y Arqueología✦✦

Le **MUNA** est la visite à ne pas manquer pour comprendre les origines de Tenerife et de tout l'archipel canarien. En effet, le musée renferme la plus importante collection consacrée à l'**histoire des Guanches**, les premiers habitants de l'île (voir p. 52-53).

Autour du beau patio central s'organisent deux étages, dédiés à trois grandes thématiques : l'activité volcanique de l'archipel, l'histoire des populations aborigènes – dont les us

Pause avec vue : Cafetería Círculo de Amistad

Poussez la porte du Circulo de Amistad XII de Enero, une bâtisse de style historiciste (1904-1934) devenue centre culturel, et prenez l'ascenseur jusqu'au 4e étage. Vous accéderez alors à la cafétéria du lieu, dont la blanche terrasse offre une vue panoramique sur le centre-ville, mais aussi sur l'océan et les montagnes d'Anaga.

1 ***Calle Ruiz de Padrón, 12, au bout de la calle José Murphy • T.l.j. 8h-22h • Boissons 1,50-5 €.***

et coutumes des Guanches – et la biologie marine.

À noter, pour un point de vue surprenant, que l'accès au MUNA se fait par une longue **passerelle de bois**, qui part de la plaza de la Iglesia et enjambe le *barranco* Santos.

Volcanisme et Guanches

L'influence du volcanisme sur la création de chaque île des Canaries, les différents climats et les topographies sont présentés à travers plusieurs cartes géographiques, dont certaines, très anciennes, témoignent de la véritable exploration qu'ont menée les premiers colons.

Quant à la vie des **Guanches** avant l'arrivée des Européens, elle est racontée de manière très détaillée à travers des objets, des ossements, des maquettes de grottes, et surtout ces fameuses **momies** remontant pour certaines au IIIe s. Conservées grâce à un traitement d'herbes sèches et de saindoux, elles nous éclairent sur les rites funéraires des Guanches.

Une collection d'arts africain et précolombien est également mise en valeur dans la même section.

La richesse faunistique

L'espace consacré à la faune marine qui entoure les îles Canaries présente d'impressionnantes maquettes suspendues de raie manta, de marlin et autres calamars. On pourra aussi y observer des fossiles, ainsi qu'une petite collection d'ornithologie.

Calle Fuente Morales • ✆ 922 53 58 16 • www.museosdetenerife.org • Lun.-sam. 9h-19h, dim et j. fériés 10h-17h, f. les 24, 25 et 31 déc., 1er et 6 janv. • Entrée : 5 €, gratuit ven.-sam. à partir de 16h • Guide en français pour smartphone gratuit (toutes les indications sont en espagnol).

⑪ Tenerife Espacio de las Artes (TEA)✦✦

Ce bâtiment tout en angles et en transparences est l'œuvre des prestigieux architectes suisses Jacques Herzog et Pierre de Meuron. Étiré le long du *barranco* Santos, il épouse la déclivité du terrain. Outre le fonds de peintures et de photographies constitué par l'institut Óscar-Domínguez, du nom du peintre surréaliste né à La Laguna (1906-1957), le TEA compte de vastes espaces où sont organisées des **expositions d'art contemporain**, une grande bibliothèque, un cinéma, une cafétéria et une très belle boutique.

Avenida de San Sebastián, 8 • ✆ 922 84 90 90 • www.teatenerife.es • Mar.-ven. 12h-20h, sam.-dim. 10h-20h • Entrée gratuite.

⑫ Mercado Nuestra Señora de África - La Recova✦✦

Le cœur de la ville bat ici, au sein de ce grand marché traditionnel aux arcades orangées de style colonial. Dans la cour intérieure, différents kiosques et patios abritent les commerces et accueillent des animations tout au

L'entrée du Mercado Nuestra Señora de África

long de la journée. On y vient pour acheter de la charcuterie, du pain, des volailles ou des légumes, mais aussi des fleurs, des vêtements et même des animaux vivants.

Plusieurs cafétérias permettent de se restaurer sur place. Ne ratez surtout pas le **sous-sol du marché**, consacré aux poissonneries, et dont la fraîcheur est bienvenue. Plusieurs échoppes y proposent de délicieuses tapas.

Avenida de San Sebastián, 51 • ☎ 922 21 47 43 • www.la-recova.com • Lun.-sam. 6h-14h, dim. 7h-14h ; f. 25 déc. et 1er janv.

13 Casa del Carnaval✦✦

Une plongée instructive dans un monde de strass, de plumes et de traditions prises ici très au sérieux. Des robes des reines du carnaval (aux dimensions surréalistes !) à la critique sociale par les *murgas* – ces chanteurs satiriques très populaires –, en passant par des vidéos et des costumes des précédentes éditions, vous découvrirez toutes les subtilités du Carnaval de Santa Cruz, l'événement incontournable de l'île (voir aussi p. 38-39).

Une visite à faire en famille, et à terminer par la salle dans laquelle des déguisements sont mis à disposition !

Calle Aguere, 17 • ☎ 922 04 60 20 • www.casacarnavalsantacruz.com • T.l.j. 10h-18h30 • Audioguide en français • Entrée libre.

L'Auditorium et le Parque Marítimo

Santa Cruz contemporaine

14 Auditorio de Tenerife Adán Martín**

Face à la mer se dessine la silhouette gracieuse de l'auditorium, réalisé par l'architecte espagnol **Santiago Calatrava** et inauguré en 2003. Le prestigieux Orchestre symphonique de Tenerife y a élu résidence. Très plastique, l'œuvre est coiffée d'un toit en forme de voile, qui culmine à 50 m de haut. L'**esplanade** offre une vue imprenable sur le port et les brise-lames (dont certains ont été peints, représentant des musiciens célèbres, de Schumann à Björk). Un verre à la **cafétéria Alisios Café** permet de profiter encore de la vue sur l'océan et sur les vestiges du Castillo San Juan Bautista (ne se visite pas).

Avenida de la Constitución, 1 • ☏922 56 86 25 • www.auditoriodetenerife.com • Vente par tél. ☏902 31 73 27 • Vis. guidées sur résa lun.-ven. 10h-17h et sam. 10h-14h ; ☏922 56 86 25.

15 Parque Marítimo**

Magnifique exemple d'adaptation architecturale à l'environnement naturel, ce **complexe de piscines naturelles** creusées dans la roche fut conçu par l'architecte et sculpteur **César Manrique**, originaire de Lanzarote et auteur de plusieurs réalisations aux Canaries. Construit en 1995, trois ans après sa mort, le site fait écho au Lago Martiánez de Puerto de la Cruz, également conçu par Manrique. Ce parc de loisirs aquatiques de 22 000 m^2 (voir « Activités » p. 36) cultive des allures d'oasis, avec ses palmiers, ses îles artificielles, ses teintes turquoise et ses cascades d'eau salée.

Avenida de la Constitución, 5 • ☏922 22 93 68 • www.parquemaritimosantacruz.es • T.l.j. 10h-19h (18h en hiver) • Entrée : 5€, -12 ans 1,50€.

En face du parc, de l'autre côté de l'avenue, le **Centre international d'expositions et de congrès**, ou Recinto Ferial (1996), est l'œuvre de Santiago Calatrava.

16 Palmetum✦

Installé derrière le Parque Marítimo, ce jardin de plantes tropicales rassemble plus de 400 espèces de palmiers *(palmae)* plantées en fonction de leur origine géographique. Au-delà de l'intéressante découverte, cette palmeraie est un bel exemple de politique de développement durable puisqu'elle a été construite sur une ancienne décharge transformée en colline artificielle.

Avenida de la Constitución, 5 • ☏922 22 93 68 • www.palmetumtenerife.es • T.l.j. 10h-18h (dernière entrée 17h) • Entrée : 6€.

Aux environs de Santa Cruz

17 Playa de Las Teresitas✦✦✦

Cette plage est sans conteste l'une des plus belles de l'île : 1,5 km de sable blanc ponctué de palmiers et bordé par une eau bleu turquoise et vierge de toute urbanisation (à l'exception du grand parking), . Et pourtant, elle est artificielle : son sable provient du Sahara. Las Teresitas est l'un

Playa de Las Teresitas

des spots les plus prisés les week-ends ; les habitants de Santa Cruz s'y retrouvent en famille et entre amis pour y passer la journée. Quelques petites gargotes de plage, pompeusement nommées *« beach club »*, permettent de se rafraîchir et de grignoter un morceau.

***San Andrés**, à 10 km N.-E. de Santa Cruz • Parking difficile le w.-e. • Gargotes. t.l.j. 10h-21h.*

18 Candelaria✦✦

Chaque année, les 14 et 15 août, des milliers de Canariens rejoignent ce petit village paisible pour rendre hommage à **Nuestra Señora de Candelaria** (Vierge de la Chandeleur), sainte patronne des Canaries vénérée dans la basilique du même nom.

Le village en lui-même est plutôt agréable, avec sa rue principale commerçante qui s'étire en *paseo* le long du port. Sur les hauteurs, l'**église Santa Ana** (XVIe s.) a gardé un certain cachet. On peut aussi visiter le **Centro Alfarero - Casa Las Miquelas**, un petit musée consacré à la poterie traditionnelle avec un atelier de fabrication.

À 20 km S. de Santa Cruz par la TF-1.
***Centre Alfarero :** calle Isla de La Gomera, 7 • ✆922 50 52 16 • Mar.-sam. 11h-17h30 • Entrée libre.*

19 Parque Etnográfico Pirámides de Güímar✦

La petite ville de Güímar voit affluer les touristes depuis la découverte d'un site intrigant, où des amas de pierres que l'on pensait construits par des paysans pourraient être en réalité des

Candelaria

pyramides guanches (voir p. 52), selon la théorie de l'explorateur et anthropologue norvégien Thor Heyerdahl, à l'origine du parc.

Six grandes « pyramides » sont donc à découvrir en suivant un circuit d'environ 1 km.

Le département d'archéologie de l'université de La Laguna a réalisé les premières fouilles en 1991, en parallèle avec l'Institut d'astrophysique des Canaries. Les recherches démontrent que ces constructions sont orientées astronomiquement vers les solstices d'été et d'hiver, mais il n'a pas été prouvé qu'elles représentent plus que des « tas de pierres ».

La visite vaut surtout pour comprendre la démarche archéologique, car les fouilles qui ont été menées sur le site sont très bien expliquées.

À découvrir également, le **jardin de plantes vénéneuses**, assez original.

Calle Chacona, ***Güímar****, à 33 km de Santa Cruz par la TF-1 puis la TF-61;* ***carte p. 68*** *• ☏922 51 45 10 • www.piramidesdeguimar.es • T.l.j. 10h-18h, f. 1er janv. et 25 déc. • Entrée : 18 €; audioguide en français 3,75 €.*

Restos Bistrots

Tasca La Rebotica

Terrasse arborée 2

Située en contrebas de l'église San Francisco, sur une jolie place ombragée, cette taverne fait office d'oasis paisible au cœur de la bouillonnante Santa Cruz. On y va surtout pour la terrasse, mais aussi pour le service sympathique et les spécialités canariennes. Les plats sont corrects, même si certains produits sont surgelés.

Calle San Francisco, 17 • ☏922 28 53 47 • Tapas 2-13 €, plats 8-20 €.

Tasty Poke

Poke bowls 3

Pour changer de la cuisine canarienne, misez sur les *poke bowls*! Des bols généreux et colorés, inspirés de la cuisine hawaïenne et servis avec le sourire. À découvrir ici, dans la sympathique rue Bethancourt Alfonso, une allée piétonne ombragée, qui mène à la plaza de España.

Calle Bethencourt Alfonso, 1 • ☏922 24 80 54 • T.l.j. 12h-23h • Bowls 10-12 €.

La Palmelita

Café-pâtisserie vintage 4

Le cadre : une ancienne droguerie dont la devanture et les étagères ont été conservées. Au menu, smoothies, cafés frappés,

assiettes de charcuterie, burgers et gâteaux crémeux. Une petite terrasse permet de profiter de l'animation de la rue del Castillo.

Calle del Castillo, 9 • ☏922 88 89 04 • T.l.j. 9h30-21h30 • Petit déj. 5-8 €, burgers 8-11 €.

Los Reunidos

Cuisine fusion 5

Un restaurant qui représente bien l'atmosphère branchée de la rue principale du Barrio de la Concepción. On aime beaucoup sa déco sobre aux tons terriens, mais c'est surtout la carte qui vaut le détour. Croquetas, empenadas et ceviche sont revisités, mêlant les traditions canariennes à d'autres influences culinaires. Goûtez le *pulpo frito* accompagné de houmous ou le *tiradito* relevé au yuzu. Une adresse surprenante, dans l'une des plus jolies rues de la ville.

Calle Antonio Domínguez Alfonso, 38 • ☏922 24 10 28 • Jeu.-sam. 13h-1h, dim.-lun. 13h-minuit • Plats 12-16 € (demi-portions possibles).

Pescaderia du Mercado Nuestra Señora de Africa

Poisson ultra-frais 6

Après votre visite du marché (p. 26), rendez-vous à la poissonnerie située au sous-sol. On peut s'installer entre les étals pour commander de merveilleuses tapas à la fraîcheur incontestée. Poulpe, coquillages, poissons frits… tout y est, et l'ambiance est hors du commun !

Avenida de San Sebastián, 51 • ☏922 21 47 43 • www.la-recova.com • Lun.-sam. 6h-14h, dim. 7h-14h ; f. 25 déc. et 1er janv. • Nocturnes de 19h à 20h à certaines dates : voir le site Internet.

Bodegon El Puntero

Taverne à l'ancienne 7

Ce restaurant détonne dans l'effervescence moderne de Santa Cruz. Avec sa maison traditionnelle, il semble tout droit sorti d'un paisible *pueblo* et cultive un charme à l'ancienne, avec sa carte typique tournée vers le poisson et ses murs bleu vif, décorés de vieilles affiches.

Calle San Clemente, 5 • ☏922 28 22 14 • Mar.-sam. 12h30-16h15 et 20h-23h • Tapas 2-9 €, poisson du jour au prix du kg.

La Casita café

Cafétéria branchée 8

On adore la déco carrément kitsch de cette cafétéria moderne, où l'équipe prépare des burgers sophistiqués, des salades et des *pulguitas*, ces mini-sandwichs que l'on dévore au petit déjeuner ou en fin d'après-midi. Selon l'humeur, on opte pour le toit-terrasse et ses guirlandes lumineuses ou la petite terrasse sur la rue.

Calle Jesús de Nazareno, 14 • 922 24 78 51 • Mar.-jeu. 13h-23h et ven.-sam. 13h-minuit • Burgers à partir de 7 €, pulquitas 3-5 €.

El Aguarde

Cuisine traditionnelle 9

Un joli restaurant à la décoration sobre et moderne, qui mise sur une cuisine élaborée à partir de produits locaux. La carte est dense et propose une belle sélection de plats canariens, à base de lapin, de poisson ou de porc. Si vous avez du mal à choisir, faites confiance au patron, qui n'hésite pas à conseiller les gourmets. L'occasion aussi de goûter au vin local.

Calle Costa y Grijalba, 21 • 922 28 91 42 • www.restauranteelaguardetenerife.es • Lun.-sam. 13h-16h et 20h30-23h, f. lun. soir • Tapas 2-6 €, plats 12-15 €.

Cortxo Gastrobar

Tapas bistronomiques 10

Le chef Marc Neris élève les tapas au rang d'art, en choisissant des produits de première qualité et en optant pour des assortiments

La Casita café

audacieux. Une cuisine fusion donc, à déguster sur la charmante plaza Gonzales. La réputation du lieu est telle que, si vous arrivez tard et sans réservation, vous risquez de repartir bredouille…

Plaza Ireneo González, 5 • 922 15 16 95 • Lun. 20h-23h, mar.-sam. 13h30-16h30 et 20h30-23h • Tapas 6-9,50 €.

Sabela

Restaurant/bar à vins 11

Établi sur la même place que Cortxo, Sabela séduit les gourmets grâce à son service sympathique, sa déco pop et sa carte de tapas alléchantes. Tous les mercredis et jeudis, ce bar à vins mise sur les mini *arepas*, ces sandwiches vénézuéliens à base de pain de maïs frit, qui sont devenus traditionnels

Restaurant Sabela

aux Canaries, terre d'accueil de beaucoup de Vénézuéliens. Également épicerie fine.

Calle Numancia, 1 /plaza Ireneo Gonzales • ☎922 29 91 62 • Mer.-ven. 10h-23h, sam. 10h-16h et 19h-23h, dim. 10h-16h30 • Mini arepas 8 €, plats 10-16 €.

Bars, clubs Sorties

Teatro Guimerá

Salle de spectacles 1

Construit en 1849, ce théâtre est le plus ancien de l'archipel. Son nom renvoie au poète et dramaturge Angel Guimerá Jorge, né à Santa Cruz en 1845. Haut lieu de la vie culturelle locale, l'institution accueille des concerts de musiques classique ou actuelles, des projections de films et, bien sûr, des pièces de théâtre.

Dans le bâtiment voisin du théâtre – qui accueillait autrefois le marché de Santa Cruz –, le **Centro de Arte La Recova** abrite des expositions temporaires.

Plaza Isla de la Madera • ☎922 60 94 09 • www.teatroguimera.es • Billetterie : ☎902 36 46 03.

Alisios Café

Café avec vue 2

Rien ne vaut la vue de ce bistrot, ouvert sur l'océan Atlantique et le Castillo San Juan Bautista. Niché sous les vagues de l'auditorium, on y vient pour boire un verre et profiter de l'ombre.

Avenida de la Constitución, 1 • ☎615 61 84 75 • www.auditoriodetenerife.com • Mer.-dim. 9h-20h.

Hôtels B&B

Occidental Santa Cruz Contemporáneo

Confort épuré

Un bel hôtel de la chaîne Barceló. Classé 3-étoiles, l'établissement mise sur un service très attentionné, des chambres vastes, dotées d'une bonne literie et de salles de bains confortables, et un excellent petit déjeuner-buffet. Mention spéciale pour les chambres avec vue sur mer. Restaurant et piscine.

Rambla de Santa Cruz, 116 • ☎922 27 15 71 • www.barcelo.com/fr-fr/occidental-santa-cruz-contemporaneo/ • Double 80-200€, petit déj. 20€.

Hotel Taburiente

Charme intemporel

Un hôtel 4-étoiles qui jouit d'un bel emplacement, en face du parc Garcia Sanabria. Les chambres au design moderne et le service très aimable en font une très belle adresse. Restaurant et piscine.

Calle Doctor José Naveiras, 24 A • ☎922 27 60 00 • www.hoteltaburiente.com • Double 80-130 €, petit déj. 13 €.

Hotel Rural Finca Salamanca

Demeure ancienne

Un établissement charmant, tout indiqué pour celles et ceux qui souhaitent dîner à l'hôtel. Située à une trentaine de minutes de Santa Cruz, dans un parc de 5 ha, cette belle demeure compte une piscine, un bon restaurant et des chambres confortables.

*Carretera Güímar, Puertito, 2, à 1,5 km S. de **Güímar** • ☎922 51 45 30 • fr.hotelfincasalamanca.com • Double 80-150€, petit déj. inclus.*

Hotel Rural Finca La Raya

Casa traditionnelle

Si vous avez envie de séjourner en dehors de Santa Cruz, dans le calme d'une demeure ancienne, cette adresse est faite pour vous ! La Casa de Vargas, construite au XVIe s. sur des grottes naturelles et agrandie au XIXe, dispose de vastes chambres meublées à l'ancienne. La promenade dans le jardin planté d'arbres rares est agréable en fin de journée.

*Barrio La Hoya, calle La Raya, 25, **Güímar** • ☎922 52 43 41 • Double 70-75€, petit déj. inclus.*

Shopping Cadeaux

Tienda TEA

Cadeaux sophistiqués 1

Au cœur du centre d'art contemporain de Tenerife, cette belle boutique de souvenirs se démarque par son originalité et la qualité de sa sélection de livres et d'objets. Littérature pour enfants, essais féministes, beaux livres d'art, mais aussi textiles, bijoux, illustrations et papeterie sont exposés.

Avenida de San Sebastián, 8 • ☏922 84 90 90 • www.teatenerife.es • Lun.-ven. 10h-20h, sam.-dim. 10h-15h.

Natura

Bien-être 2

Une jolie boutique concept store, qui réunit vêtements féminins, cosmétiques naturels, livres de développement personnel, encens et bibelots. Pour (s')offrir un cadeau *feel good.*

Calle del Castillo, 24 • ☏922 27 74 07 • Lun.-sam. 10h-21h • Mugs à l'effigie de Frida Kahlo 12€, pulls à partir de 59€.

M. Wonderful

Gadgets pop 3

Cette chaîne madrilène vient d'ouvrir sa première boutique à Tenerife, et on se réjouit de retrouver ici les gadgets joyeux de M. Wonderful. Fondée par deux graphistes, la marque joue la carte du bonheur au quotidien, proposant un joyeux méli-mélo d'objets, du porte-brosse à dents aux journaux intimes, en passant par les calendriers, bijoux et paires de chaussettes.

Calle del Castillo, 41 • ☏922 49 62 69 • Lun.-sam. 10h-21h • Chaussettes 5€, cahiers 11€.

De Pata Negra

Épicerie fine 4

Une boutique pour les gourmets, qui auront bien du mal à se contrôler… Si le produit phare est bien sûr le fameux *jamon ibérico*, on pourra aussi se procurer toute une gamme de vins et autres délices espagnols et spécifiquement canariens, à rapporter chez soi. On peut aussi déjeuner sur place, dans la petite salle du fond.

Calle San Clemente, 27 • Lun.-ven. 9h-21h, sam. 9h-14h • Assiettes à partir de 8€.

Activités Détente

Parque Marítimo

Oasis aménagée

Avec ses piscines d'eau de mer creusées dans la roche (voir p. 28), cet espace de loisirs se décline en plusieurs secteurs : une vaste piscine principale, une autre pour les petits, et une troisième alimentée par deux cascades de 25 m de haut. Un immense solarium, une ludothèque et un kiosque-café complètent l'offre. De quoi y passer toute la journée, avec ou sans enfants !

Avenida de la Constitución, 5 • ☏922 22 93 68 • www.parquemaritimosantacruz.es • T.l.j. 10h-19h (18h en hiver) • Entrée : 5€, - de 12 ans 1,50€.

LE MEILLEUR DE LA CUISINE CANARIENNE

Un *mojo* aussi *verde* que possible, du *pulpito* grillé à souhait, des *papas arrugadas* comme à la maison, un *pescado* pêché le matin même ou un ragoût de *cabra* façon grand-mère, le tout dégusté dans une atmosphère parfois rurale, parfois maritime, et toujours chaleureuse...

Bodegon El Puntero

Une adresse incontournable à Santa Cruz, qui offre, en plus d'une cuisine traditionnelle, un cadre rustique et hors du temps.

Voir Santa Cruz, visite 1 p. 32.

Casa Africa

C'est de loin le meilleur spot dominical de la côte nord, pour sa vue imprenable sur les flots et pour ses assiettes de poisson du jour, posées sur des nappes à carreaux.

Voir Parque rural de Anaga, visite 3 p. 55.

Bodegon El Puntero

El Calderito de la Abuela

À cette table réputée de La Orotava, on déguste *conejo* ou *cochino*, accompagnés des meilleurs vins de l'île, avec en prime une vue renversante sur la vallée.

Voir La Orotava, visite 5 p. 89.

Casa Pache

Une petite terrasse familiale au détour d'une ruelle de Puerto, où l'on déjeune du plat du jour, réalisé par la *mama* en fonction de son humeur.

Voir Puerto de la Cruz, visite 6 p. 101.

Bodegas Monje

Un vignoble qui joue les *guachinche* à la belle saison, avec sa carte composée de produits cultivés sur la propriété. Et, bien sûr, une dégustation plus que généreuse !

Voir La côte autour de Puerto, visite 7 p. 117.

LE CARNAVAL DE SANTA CRUZ

S'il est un événement emblématique à Tenerife, c'est bien le Carnaval de Santa Cruz. Pendant un mois, la capitale de l'île vit au rythme effréné des défilés et des multiples parades de rues, organisées aussi bien que spontanées. Ce vent de folie embarque avec lui toute la cité, jusqu'à tenir la comparaison avec le célébrissime Carnaval de Rio de Janeiro.

Un mois de rituels festifs

Les festivités sont lancées par la ***Cabalgata*** (littéralement « cavalcade »), un défilé emmené par les *rondallas* (petits orchestres), les *comparsas* (danseurs et musiciens déguisés) et les *murgas* (chansonniers satiriques). **Bals populaires**, ouverts à tous ceux et celles qui sont déguisés, et **défilés de chars fleuris** animent ainsi les rues pendant plusieurs jours.

Une reine du Carnaval

L'élection des trois **reines du Carnaval** a généralement lieu à la fin de la première semaine, puis c'est l'apogée, avec **Mardi gras** ou *Coso Apoteosis*, véritable explosion de couleurs et de paillettes qui déferle sur Santa Cruz. À cette démesure s'ajoute encore le très burlesque **enterrement de la Sardine**, pendant lequel des « pleureurs » hurlent après un poisson géant en papier mâché, qui finit par être brûlé dans un gigantesque feu d'artifice.

Élections royales et costumes démesurés

Chaque année depuis 1935, **trois reines** sont élues. Dans un tourbillon de paillettes et de strass, chaque candidate, accompagnée de son cortège, défile en présentant ses atouts. La qualité du costume, la démesure de la structure qui l'entoure – celle-ci pèse parfois plusieurs dizaines de kilos ! – sont autant de critères décisifs pour le vote.

En plus de la ***reina adulta***, une ***reina infantil*** et une ***reina mayor*** sont choisies par la population. Ce gala réunit généralement des

Groupe de murgas

Défilé de Mardi gras

milliers d'amateurs. C'est aussi l'occasion d'admirer de près le travail des couturières du Carnaval. Les **costumes** des anciennes reines sont d'ailleurs à découvrir à la **Casa del Carnaval** (p. 27).

Depuis plusieurs années, le carnaval est **thématique** (en 2023, c'est la ville de New York qui est mise à l'honneur) et chaque *reina*, mais aussi les *comparsas* et les *murgas*, doivent confectionner leur costume en fonction du thème choisi.

Une histoire de liberté

Le principe du carnaval s'implante à Tenerife au XVIe s., importé par les Espagnols et les Portugais qui font escale sur l'île avant de rejoindre le Nouveau Monde. Au fil des siècles, le Carnaval survit aux multiples interdictions religieuses ou civiles, incarnant une forme de liberté dans laquelle les règles préétablies sont renversées, et ce, au sein de **toutes les classes sociales**.

À partir du XIXe s., l'événement se structure progressivement en défilés et autres concours. Lorsque le tourisme se développe dans les années 1920, le Carnaval de Santa Cruz devient l'un des événements majeurs de la saison touristique, si bien qu'en 1925, la mairie de la ville le formalise avec un premier programme établi.

Avec la guerre civile puis la dictature franquiste, la manifestation est officiellement empêchée, mais il survit de manière clandestine, comme il l'a fait par le passé. Surnommé « Fêtes d'hiver », il reprend peu à peu sa place sur le devant de la scène, jusqu'à redevenir une **fête populaire officielle** avec le retour de la démocratie en 1975.

Depuis les années 1980, le Carnaval de Santa Cruz est déclaré « **Fête d'intérêt touristique international** ».

LA LAGUNA (SAN CRISTÓBAL DE LA LAGUNA) 2

Un centre historique piétonnier, une élégance architecturale sans égale, une animation constante, La Laguna est sans conteste l'un des incontournables de Tenerife. À la fois centre universitaire, culturel et religieux de l'île, elle fut fondée par Fernandez de Lugo en 1496 et construite selon un plan en damier, avec des rues bordées de superbes demeures des XVIIe-XVIIIe s. aux balcons ouvragés. Le cœur historique, entièrement réhabilité, a été classé au Patrimoine de l'humanité par l'Unesco. Encore méconnue des touristes, La Laguna est aussi un excellent camp de base pour découvrir le nord de l'île.

Patio d'une maison de la calle San Agustín

1 Plaza del Adelantado⁺⁺

Ombragée de lauriers et ornée d'une fontaine en marbre, cette place forme en quelque sorte la porte d'entrée de la vieille ville. Majestueuse, elle évoque l'esprit conquérant qui régnait à l'époque de la fondation de La Laguna.

À droite de la place, calle Nava y Grimón, le **Palacio de Nava**, du nom d'une des grandes familles fondatrices de la ville, est reconnaissable à son long balcon de bois et à sa façade ornée d'un mélange d'éléments baroques, maniéristes et néoclassiques.

Juste à côté, le **Convento de Santa Catalina de Siena**, monastère dominicain fondé au XVIIe s., est toujours en activité, mais seuls l'église et son magasin de souvenirs se visitent.

De l'autre côté de la place, à l'angle de la calle Obispo Rey Redondo, s'étend la façade néoclassique (XIXe s.) de l'**Ayuntamiento** (mairie) ; à l'intérieur du bâtiment se cachent des boiseries et des fresques historiques.

Ayuntamiento *: calle Obispo Rey Redondo, 1 • Lun.-ven. 9h-13h30 • Entrée libre.*

2 Calle Obispo Rey Redondo✦✦✦

Cette rue piétonne qui traverse le centre historique compte quelques-uns des plus beaux édifices de la ville, dont certains témoignent également de sa puissance passée – politique, militaire et économique. Ainsi, au n° 1, la **Casa del Corregidor** (ne se visite pas), l'un des plus anciens bâtiments de La Laguna (XVIe s.), reconnaissable à son splendide portail plateresque, abritait le gouvernement de Tenerife.

Au n° 3, la splendide **Casa de la Alhondiga** (XVIIIe s., aujourd'hui annexe de la mairie), servit tour à tour de grenier à blé, de magasin du gouvernement insulaire, de prison, d'école puis de tribunal.

Dans son prolongement, la **Casa Alvarado Bracamonte** (1624-1631), dite aussi « Casa de los Capitanes Generales », était le siège de la Capitainerie générale des Canaries au XVIIIe s. Une visite à l'**office de tourisme** qu'elle abrite permet d'en découvrir le magnifique **cloître** et d'observer plusieurs maquettes des différents bâtiments de la rue.

Calle Obispo Rey Redondo 7 • 648 41 32 45 • https://turismo.aytolalaguna.es • Lun.-ven. 9h-13h30 • Vis. guidées gratuites (1h) lun.-ven. à 10h15 et 12h15, et en français sur demande; résa en ligne ou à l'office de tourisme.

3 Iglesia-Catedral de Nuestra Señora de los Remedios✦

Une église devenue cathédrale, au centre de la jolie place de los Remedios. Érigée en 1515, peu de temps après celle de la Concepción, l'église de los Remedios monte en grade en 1818, lorsqu'elle est consacrée cathédrale au moment de la création de l'évêché de La

Pause citronnée : Princesa de Freeheart

Tartelettes, cupcakes, meringues au citron et autres délicieux gâteaux sont sagement alignés dans cette boutique coquette, aux tons vert amande. Freeheart existe depuis 2019, grâce à Marta et Naira, les deux pâtissières, mais la petite boutique marche dans les pas d'une institution lagunera, La Princesa, installée dans ce local depuis 1927 !

12 *Plaza de la Concepción • 922 02 33 34 • Mar.-sam. 9h30-20h, dim. 10h-18h • Pâtisseries à partir de 1,50 €.*

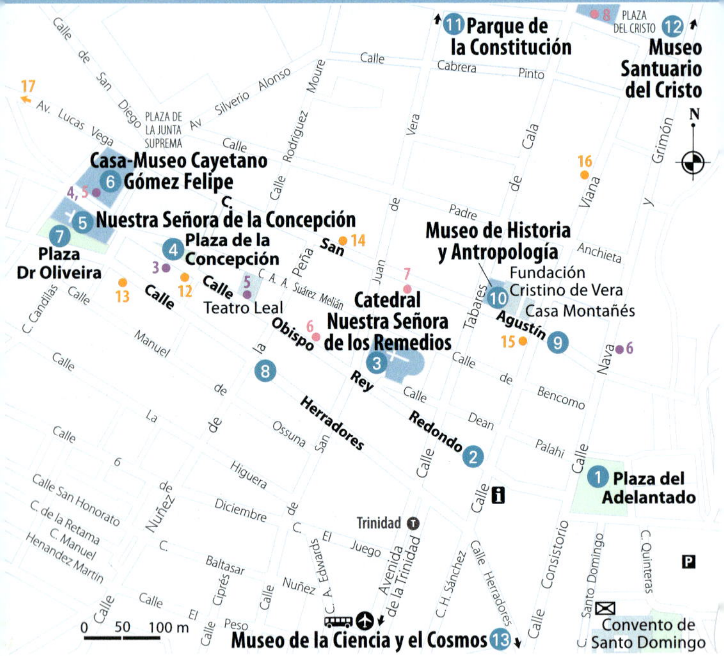

Laguna. Son imposante façade néoclassique, ornée de pierres volcaniques traditionnelles, traduit sa nouvelle importance.

L'intérieur de l'édifice, de style néogothique, date du XXe s. Parmi les trésors qu'il renferme, on peut voir les différentes **chapelles des saints patrons de Tenerife**, et notamment celle dédiée à la Virgen de los Remedios.

Plaza de Los Remedios • Lun.-ven. 9h30-18h • Entrée 6 €, audioguide.

4 Plaza de la Concepción⁺⁺

Cette très belle place triangulaire, dont la base est marquée par deux dragonniers, est le cœur battant de la ville. On y passe et on y repasse en promenade, on s'y arrête pour boire un verre et profiter de l'animation ou bien se laisser tenter par l'une de ses boutiques. Prêtez attention aux **petits passages** discrets qui mènent à l'intérieur des bâtiments entourant la place.

5 Iglesia Nuestra Señora de la Concepción⁺⁺

Son **campanile** construit en roche volcanique noire attire le regard de loin, mais ce n'est qu'en arrivant à ses pieds que l'on découvre cette belle et sobre église, qui fut le premier bâtiment de La Laguna. Fondée en 1511, elle a été maintes fois remaniée depuis.

À l'intérieur, remarquez le **plafond en bois ouvragé** marqueté et peint dans le plus pur style canarien, la **chaire** en bois de cèdre, le **maître-autel** en argent ciselé et les fonts baptismaux, où les chefs guanches reçurent l'onction lors de leur conversion.

Par un escalier en colimaçon, on peut monter en haut du **campanile** (fin XVIIIe s.) pour jouir d'une vue imprenable sur tout le centre historique et les montagnes alentour.

Plaza de la Concepción • Lun. 10h-14h, mar.-ven. 10h-17h • Entrée : 2€ (campanile inclus) ou billet combiné églises et couvents de la Laguna (7€).

6 Casa-Museo Cayetano Gómez Felipe⁺⁺

Cette belle visite mêle l'histoire des Canaries à la découverte presque intime d'une **magnifique maison traditionnelle**, typique de l'architecture canarienne. C'est le commerçant Bernardo Valois qui la fit construire en 1703, en face de la première paroisse. Plusieurs objets et documents témoignent de cette époque. Lorsque le

Plaza de la Concepcíon

Casa-Museo Cayetano Gómez Felipe

collectionneur Cayetano Gómez Felipe en fit l'acquisition au XXe s., il y rassembla un grand nombre d'objets d'art et d'antiquités qui témoignent du passé de l'archipel. On circule avec bonheur dans chaque pièce, gardant toujours en vue le splendide **patio central**.

On pourra clore la visite par un verre dans l'agréable **bar** installé au rez-de-chaussée (p. 49) ou passer par la boutique d'artisanat (p. 51).

Plaza de la Concepción, 13 • ☎922 87 89 50 • www.casamuseocgf.com • Mar.-jeu. 10h-20h, ven.-sam. 10h-21h, dim. 11h-16h ; vis. non guidée mais accompagnée (pour la préservation du lieu) • Entrée : 5€ • Audioguide en français.

7 Plaza Doctor Olivera++

Située sur le côté sud de l'église de la Concepción, cette place plantée de palmiers s'étire à l'extrémité de la calle Herradores, en une longue série de terrasses. Un peu moins passante que la plaza de la Concepción, elle possède, elle aussi, un véritable cachet. Depuis 2012, une statue du pape Jean-Paul II y est installée.

8 Calle Herradores+++

Cette magnifique rue constitue la deuxième voie principale du centre historique. À l'instar de la calle Obispo Rey Redondo, elle compte un grand nombre de demeures anciennes restaurées, dont le rez-de-chaussée est souvent occupé par des bars, des restaurants ou des boutiques. Très animée du matin au soir, elle est incontournable pour ressentir l'atmosphère de la ville.

9 Calle San Agustín+++

Avec ses bâtisses colorées, ses balcons de bois sculptés et ses multiples arbres exotiques, la calle San Agustín est considérée comme l'**une des plus belles rues de Tenerife** (et même d'Espagne, selon Turismo España !). Il faut dire qu'elle fut longtemps la voie royale (calle Real). Aujourd'hui, cette rue parallèle à la calle Obispo Rey Redondo compte plusieurs édifices anciens restaurés.

Convento San Agustín

Fondé en 1846, c'est le plus vieil institut d'enseignement public de toutes les Canaries. Son beau **cloître** de style Renaissance a vu passer d'illustres élèves, tels que le romancier Benito Pérez Galdós ou l'ancien Premier ministre Juan Negrín.

Les vestiges des six chapelles construites autour du bâtiment sont en cours de rénovation et devraient pouvoir se visiter prochainement. En revanche, l'église, détruite lors d'un incendie dans les années 1960, reste inaccessible.

***Convento San Agustín :** au n° 38 • Mar.-ven. 11h-14h et 17h-20h, sam.-dim. 11h-14h.*

Au bout de la calle San Agustín commence le **quartier Aguere**, construit sur l'ancien lac asséché, la *laguna*, qui a donné son nom à la ville.

Fundación Cristino de Vera

Juste à côté du musée (ci-après), jetez un œil à cette petite galerie d'art contemporain. L'intérêt vaut plus pour la magnifique **maison ancienne** dans laquelle elle est installée que pour les expositions présentées.

Calle San Agustín, 18 • ☎ 922 26 28 73
• https://fundacioncristinodevera.org
• Lun.-ven. 10h-14h et 17h-20h, sam. 10h-14h
• Entrée libre.

10 Museo de Historia y Antropología de Tenerife (MHAT)✦✦✦

Installé dans la splendide **Casa Lercaro** (photo p. 47), construite au XVIe s. par une famille originaire de Gênes, le musée d'Histoire et d'Anthropologie retrace l'histoire de l'archipel des Canaries à travers les âges,

Une ville ouverte sur le monde

Dans l'ancien couvent Santo Domingo de Guzman, aujourd'hui édifice municipal, est exposée une maquette de La Laguna qui permet d'observer sa conception en quadrilatère, très novatrice à l'époque, et qui a valu à la ville son classement au Patrimoine de l'humanité par l'Unesco. Conçue par l'ingénieur Leonardo Torriani en 1588, La Laguna est alors pensée sans fortifications, de manière ouverte sur le monde — à la différence des villes européennes, c'est une cité construite en temps de paix. Une halte intéressante en début de visite.

Calle Santo Domingo, 7 • Lun.-ven. 8h-18h • Entrée libre.

de la conquête espagnole et la christianisation (XVe s.) à nos jours, en passant par le développement économique et politique des XVIIe et XVIIIe s.

Au 1er étage, vous découvrirez notamment la **salle des cartes anciennes**, qui témoigne des premières observations des explorateurs, ainsi que différents documents et objets racontant la vie quotidienne des familles, nobles et ouvrières, qui s'établirent progressivement sur l'archipel des Canaries.

Au rez-de-chaussée, un grand hangar au fond du jardin abrite deux calèches, les **Carruajes de Nava**, datant des XVIIe et XVIIIe s. et entièrement restaurées. On apprend aussi que ce sont les Anglais qui, au XIXe s., ont impulsé le développement du tourisme sur l'île.

La visite se termine dans un joli **patio**, planté d'un dragonnier.

Calle San Agustín, 22 • ☏ 922 82 59 49 • www.museosdetenerife.org • Lun.-sam. 9h-19h, dim. et j. fériés 10h-17h • Entrée : 5 €, gratuit ven.-sam. 16h-19h.

11 Parque de la Constitución✦

Ce joli parc urbain permet de faire une halte de fraîcheur et surtout de verdure dans La Laguna. Bordé par le camino Largo (avenida de la Universidad) planté de palmiers, il est très arboré et possède en plus une aire de jeux pour enfants.

Entre la calle Quintin Benito et l'avenida de la Universidad • Ouv. 24h/24.

12 Museo Santuario del Cristo✦

Ferveur et déférence. Voici ce qu'évoque immédiatement ce sanctuaire du XVIe s. dédié au Christ, situé au nord du centre historique, à deux pas du Mercado Municipal. À l'intérieur est exposé un précieux **Christ andalou en bois** sculpté au XVe s. et légué par le conquistador Alonso Fernández de Lugo, qui eut une part active dans l'hispanisation des îles Canaries. Le 14 septembre, la statue vénérée est portée en procession dans la ville.

Plaza del Cristo, 3 • T.l.j. 8h-20h • Entrée gratuite.

Mythes et légendes

La formation des Canaries est auréolée de mythes. Sous l'archipel serait dissimulé le verger merveilleux du jardin des Hespérides, et y seraient englouties les ruines de l'Atlantide, une île mythique de la taille d'un continent, attribuée au dieu Poséidon lors du partage du monde et qui aurait brutalement disparu lors d'un cataclysme. Ces croyances, partagées dans les textes anciens comme dans les carnets de voyage des premiers explorateurs, forment l'introduction du musée d'Histoire et d'Anthropologie, plongeant le visiteur dans l'imaginaire des premiers colons européens lorsqu'ils arrivèrent sur l'île au XIVe s.

La Casa Lercaro (XVIe s.), siège du musée d'Histoire et d'Anthropologie

13 Museo de la Ciencia y el Cosmos++

Un gigantesque radiotélescope signale le musée, situé en face de l'Institut d'astrophysique des Canaries. Ce bâtiment en forme de demi-étoile évoque de manière très interactive l'importance de Tenerife dans la recherche scientifique, grâce à son observatoire astronomique situé dans le Teide (voir visite 4).

Sur l'archipel, l'observation du cosmos a débuté aux XVIIIe et XIXe s. – l'expédition de 1856, menée par l'astronome Charles Piazzi Smyth sur le mont Guajara, au cœur du Teide, a d'ailleurs démontré pour la première fois tous les avantages de la haute montagne pour observer la lune.

Un musée ludique et interactif

À quoi sert un satellite ? Comment réagit notre pupille lorsqu'elle perçoit de la lumière ? Qu'est-ce que la couche d'ozone ? Comment réalise-t-on un montage vidéo ? Que se passe-t-il lorsqu'on est au cœur d'une tornade ? Autant de questions à poser et d'expériences à tester dans cet immense hall dédié à l'amour des sciences. À faire en famille, pour mieux comprendre comment fonctionne notre planète.

Avenida de los Menceyes, 70, à 2 km S.-E. du centre historique • Accès facile par le tramway • ☎ 922 31 52 65 • Lun.-sam. 9h-19h, dim. et j. fériés 10h-17h • Entrée : 5 €, audioguide en français inclus.

Restos Bistrots

La Bodeguita del Buchito

Tapas classiques 13

Avec sa façade orangée typique ornée de volets verts, cette *bodega* plaira à celles et ceux qui veulent profiter de l'ambiance animée du centre historique de La Laguna. Sur la carte, de grands classiques : *queso y jamon, ensaladilla russa, croquetas, pimientos de padron, boquerones...*

Calle Herradores, 105 • 619 54 52 36 • Mer.-sam. 12h-23h • Tapas 2-12 €.

Guachinch y Fusion

Tapas inventives 14

Gambas al ajillo, morcilla, patata con almogrote y miel de palma, le menu de cette petite adresse est réjouissant, et les assortiments sont surprenants. Avec sa terrasse discrète, légèrement éloignée de l'animation centrale, Guachinch est une halte aussi agréable que savoureuse.

Calle San Agustin, 42 • 922 12 54 73 • Mar.-sam. 13h-23h • Tapas 6-12 €, plats 7-15 €.

Bodegón Viana

Cantine traditionnelle 15

Tables en bois massif, nappes à carreaux rouges, rangées de bouteilles de vin le long du mur, cette institution locale joue la tradition à fond. Sur la carte, une large sélection de spécialités du coin aux prix très abordables. Si la cuisine n'est pas révolutionnaire, on apprécie le cadre et la terrasse animée.

Calle Viana, 35 • 822 25 12 11 • T.l.j. 12h-23h • Plats 9,50-12,50 €.

Tasca 61

Locavore 16

Un restaurant qui ne jure que par les produits bio, locaux et écoresponsables. Et le résultat est délicieux. Au menu, lasagnes,

Tasca 61

aubergines grillées, salade de poulet, etc., le tout préparé et servi par des passionnés et très goûteux. À déguster en prenant son temps, comme le veut la tradition de cette adresse typiquement *slow food.*

Calle Viana 61B • 636 02 13 53 • Mar.-sam. 13h-16h • Plats 9-12 €.

La Bruma

Tapas gastronomiques 17

Aubergines au miel de palme, pommes de terre au saumon et wasabi, gyoza de lapin… Ici, les produits insulaires gagnent en amplitude dans de petites portions contemporaines. Si vous êtes ouvert aux surprises, optez pour le menu en cinq temps. La déco fait la part belle à l'art de la musique et à la photo.

Calle Alberto Einstein, 35 • 922 63 35 29 • Mer.-sam. 13h30-16h et 19h30-22h30, dim. 13h30-16h00 • Plats 9-15 €, menu 5 plats 40 € pour 2.

Bars, clubs Sorties

El Rincon de Tintin

Pub branché 3

Dissimulé dans un passage couvert, ce bar à bières est un repaire de la jeunesse lagunera, qui vient profiter de son ambiance de jungle urbaine et de ses multiples soirées DJ et concerts.

Plaza de la Concepción, 7 • T.l.j. 18h-2h, dim. 16h-minuit • Caña à partir de 2,50 €.

Bar de la Casa-Museo Cayetano Gómez Felipe

Bar de la Casa-Museo Cayetano Gómez Felipe

Patio secret 4

Le patio du musée est une agréable halte, en journée pour un café ou le soir pour un cocktail. On savoure ce moment de calme, hors du temps, au son de l'eau de la fontaine et à l'ombre des balcons en pin canarien.

Plaza de la Concepción, 13 • Mar.-sam. 10h-20h (21h ven.-sam.), dim. 11h-16h • Tapas 6-8 €, cocktails 6-7 €.

Teatro Leal

Salle de concerts 5

Avec sa façade élégante, ornée de sculptures animalières et florales, ce théâtre datant de 1915 a été magnifiquement restauré. Il accueille des récitals classiques, des concerts de musiques actuelles et des comédies musicales.

Calle Obispo Rey Redondo, 50 • 922 265 433 • www.teatroleal.es

Regala Vinoteca

Cave à vins

6

Le bar à vins du Gran Hotel est une adresse prisée des amateurs, qui viennent y déguster ou s'y procurer les meilleurs vins locaux (ou non). L'ambiance est feutrée et distinguée, et un petit jardin permet de s'installer à l'extérieur. Avant de partir, n'oubliez pas de jeter un œil au magnifique patio intérieur du Gran Hotel.

Dans le Gran Hotel, calle Nava y Grimon, 18 • 922 10 80 80 • Mar-sam.14h-22h • Verre de vin à partir de 4,50€.

Hôtels B&B

Hotel Aguere

Hôtel de charme

Dans la rue principale du centre historique, cet hôtel 3-étoiles installé dans une demeure du XVIIIe s. offre de grandes chambres aux meubles anciens en bois sombre et aux sols en marbre. Beaucoup de charme et bon accueil. Ne ratez pas l'occasion de boire un café dans le joli patio.

Calle Obispo Rey Redondo, 55 • 922 31 40 36 • www.hotelaguere.es • Double 95€, petit déj. inclus.

La Laguna Gran Hotel

Hôtel de luxe

Ce bel édifice n'a pas toujours été un hôtel 4-étoiles : d'abord

lieu de réunion pour les notables canariens, il fut ensuite transformé en école, puis en fabrique de tabac. Aujourd'hui, les espaces communs, tel le patio, mettent en valeur cette riche histoire. Les chambres sont confortables et bien aménagées.

Calle Nava y Grimon, 18 • 922 10 80 80 • lalagunagranhotel.com • Double à partir de 100 €, petit déj. 24 €.

Shopping Cadeaux

Boutique de la Casa-Museo C. Gómez Felipe

Artisanat local 5

Une très jolie boutique située dans la maison-musée et qui met à l'honneur les artistes et artisans canariens : parmi les bijoux, objets de déco, productions textiles, la papeterie et les ouvrages sur l'archipel, vous trouverez bien quelque chose à rapporter chez vous !

Plaza de la Concepción, 13 • 922 87 89 50 • www.casamuseocgf.com • Mar.-jeu. 10h-20h, ven.-sam. 10h-21h, dim. 11h-16h.

Aloe Canarias

Cosmétiques 6

Une boutique de cosmétiques spécialisée dans l'Aloe vera. La plante est cultivée sur l'île voisine de Lanzarote, puis transformée en divers crèmes, onguents et pommades aux propriétés multiples. À tester !

Calle Obispo Rey Redondo, 38 • 922 631 704 • Mar.-ven. 10h-21h, lun. et sam. 10h-16h.

Marché couvert de La Laguna

Oë – Gafas de Madera

Lunettes en bois 7

Voilà un artisanat assez rare, porté par un ancien luthier : des lunettes uniques en bois, fabriquées à la main et écoresponsables. Un projet élégant et surprenant.

Calle San Agustin, 39 • 617 022 065 • www.oegafasdemadera.com • Mar.-ven. 10h-13h et 16h-20h, sam. 10h-14h.

Mercado Municipal

Marché 8

Situé juste en face du Sanctuario del Cristo, voici l'autre lieu vénéré des Laguneros. Cette halle couverte abrite tout ce qui se fait de bon à La Laguna. Pour goûter à l'atmosphère locale, rendez-vous entre les étals de poisson séché et de fruits et légumes.

Plaza del Cristo • T.l.j. 8h-14h, mais vous trouverez davantage de producteurs locaux présents les mer., jeu. et sam.

UN ARCHIPEL AU CARREFOUR DE TROIS CONTINENTS

Durant l'Antiquité, les îles des Canaries vivent oubliées, aux confins du monde connu. Au XVe s., la conquête espagnole révèle l'archipel à la connaissance de tous, et ces terres lointaines, entre Afrique et Amérique, voient dès lors leur destinée reliée à celle de l'Europe.

Des Guanches aux conquistadors

Les Canaries sont peuplées dès le IIe millénaire av. J.-C. par le **peuple guanche**, probablement issu de voyageurs berbères venus d'Afrique du Nord. Répartis sur toutes les îles, ils habitaient dans des grottes à flanc de vallée et nomadisaient au gré des saisons. Jusqu'à la conquête espagnole, la société guanche s'organise en tribus, dirigées par un roi ou *mencey*.

Au début du XVe s., les premiers conquérants accostent dans l'archipel et, en 1492, le conquistador espagnol **Alonso Fernández de Lugo** débarque à Tenerife afin de soumettre sa population. Mais les Guanches résistent, et la conquête s'avère difficile et brutale. Les Espagnols finiront par les réduire en esclavage, les privant de leurs terres et les baptisant de force. En 1494, l'ensemble de l'archipel appartient à la Couronne espagnole.

Une situation stratégique

Situées sur la route du Nouveau Monde, les Canaries servent d'escale aux navigateurs. Au cours du XVIe s., le prix du **sucre de canne** canarien baisse, et l'archipel traverse sa première crise économique, liée à la monoculture. Tenerife y fait face en se reconvertissant massivement dans la production de **vin de Malvoisie**. Santa Cruz de Tenerife devient alors la plaque tournante des échanges commerciaux à partir du XVIIe s. Les **relations commerciales maritimes**, puis l'implantation de la **banane** permettent de développer l'économie de l'archipel.

Bananeraie près d'Icod de los Vinos, sur la côte ouest de Tenerife

Galerie en bois d'une maison de La Orotava ouvrant sur le patio intérieur

Spécificités canariennes

Santa Cruz de Tenerife est nommée capitale des Canaries en 1822. En 1927, l'archipel est divisé en deux provinces, **îles orientales** et **îles occidentales**. Pour ménager la rivalité entre Tenerife et Gran Canaria, les deux îles les plus peuplées, le gouvernement, élu pour quatre ans, siège alternativement à Santa Cruz de Tenerife et à Las Palmas de Gran Canaria, et les grandes institutions publiques et politiques sont réparties entre les deux villes, voire parfois dédoublées.

Sous Franco (1936-1975), un régime fiscal spécifique encourage les investissements dans l'archipel. Le **tourisme** se développe et explose dans les années 1970. Comme les autres provinces espagnoles, les Canaries sont **autonomes** depuis 1982. Mais du fait de leur éloignement géographique, elles bénéficient d'un statut particulier. Chaque île possède un ***Cabildo*** (conseil municipal insulaire), qui jouit d'une certaine autonomie dans différents domaines (santé, culture, voirie, eau...).

Des cités de patrimoine

En arpentant les ruelles rouges et ocre de **La Orotava** ou de **La Laguna**, on découvre les demeures traditionnelles construites par la noblesse canarienne. **Balcons ouvragés** en bois de *tea* (pin canarien), **patios intérieurs** entourés de galeries à l'étage supérieur, angles en pierre de taille, chaque spécificité évoque les différentes influences qui caractérisent l'île. Côté architecture religieuse, outre les tendances baroques ou néoclassiques courantes en Europe, on remarque la touche canarienne, notamment à travers la **roche volcanique**, omniprésente.

3 LE PARQUE RURAL DE ANAGA

Un massif volcanique sauvage, recouvert d'une végétation dense demeurée intacte du fait de son isolement : les montagnes d'Anaga couvrent la quasi-totalité du nord de l'île, atteignant un peu plus de 1000 m d'altitude. Déclaré réserve de biosphère, le parc rural éponyme attire aujourd'hui les randonneurs mais aussi les amateurs de points de vue somptueux. Une excursion en voiture d'une demi-journée sur la route des Crêtes (TF-12) vous permettra de découvrir d'étourdissants à-pics sur la mer, alternativement depuis le versant sud « sous le vent », et donc plus sec, et le versant nord « au vent », couvert de bruyères arborescentes et de lauriers.

La Playa Benijo au soleil couchant

1 Monte de las Mercedes✦

De La Laguna, la route s'échappe au nord et rejoint bien vite la **forêt du Monte de las Mercedes**, qui représente environ la moitié de la surface forestière de l'île. De chaque côté de la route, on peut découvrir Tenerife telle qu'elle se présentait il y a des millions d'années : des kilomètres de lauriers et de fougères arborescentes accrochées aux flancs des **Montañas de Anaga**. À mesure que l'altitude augmente, la nature luxuriante laisse place à une végétation arbustive de type méditerranéen.

À 6 km N. de La Laguna par la TF-12.

2 Mirador de Jardina✦

Une première halte au niveau de ce mirador, à 800 m d'altitude, permet de jouir d'une belle vue sur le versant sud des montagnes et la vallée de la Laguna jusqu'au mont Teide, majestueusement posé sur l'horizon.

3 Mirador Cruz del Carmen✦✦

Le belvédère de Cruz del Carmen (940 m) offre un panorama sur la forêt et La Laguna, en contrebas. Une chapelle destinée aux marcheurs y fut construite en 1836. Ce point de rencontre est en effet une bonne halte pour les randonneurs, qui trouveront au **Centre des visiteurs** des informations (disponibles en français) sur les chemins, comme le joli **sentier des Sens**, accessible à tous (encadré p. 58), ou bien d'autres randonnées plus exigeantes (la carte du parc les recense toutes, avec durée et difficulté), telle la **randonnée du mirador de Zapata** (p. 63). Sous le Centre des visiteurs, une cafétéria (p. 60) permet de se restaurer.

À 4 km N. de Monte de las Mercedes • Centro de Visitantes : ☎ 922 63 35 76 • https://reservabiosfera.tenerife.es • T.l.j. 9h30-16h (15h en été) • Stationnement difficile en pleine saison après 10h.

4 Mirador Pico del Inglés✦✦✦

Par une petite route secondaire, on atteint le **sommet de l'Anaga** (1 024 m) et le **Pico del Inglés**. De ce pic, la vue circulaire, qui embrasse les deux versants de l'île, est tout simplement vertigineuse! Elle s'étend jusqu'au Teide et jusqu'à l'île de Gran Canaria.

À 2 km N. de Cruz del Carmen.

5 Mirador del Bailadero✦

En reprenant la TF-12, on rejoint ce belvédère qui bénéficie de vues plongeantes sur les deux versants de l'Anaga. La route se poursuit au-delà, offrant des **panoramas somptueux** sur la

Pause ultra-locale : Casa Africa

Situé le long de la plage, ce restaurant au décor chaleureux offre une vue paradisiaque, face à la mer et aux rochers battus par les flots. Voici une adresse purement locale, où l'on déjeune sur des nappes à carreaux, dans une ambiance festive et conviviale. Au menu, poulpe frit, soupes, poisson du jour, préparés selon les traditions des Canaries. Le week-end, l'endroit est pris d'assaut : pensez à réserver!

18 ***Roque de las Bodegas, 3 • ☎ 922 59 01 00 • Mer.-dim. 11h-18h • Soupe 4 €, tapas 5-11 €, poisson du jour 16 €.***

côte sud et la côte nord, mais elle n'aboutit finalement qu'au hameau de **Chamorga**, minuscule et désert. De Bailadero, mieux vaut donc bifurquer vers Taganana.

6 Taganana✦

Village en balcon sur la mer, Taganana s'est établi sur l'arête d'une coulée de lave. C'est le premier village que l'on croise sur la TF-134, impressionnante **route en lacet** qui descend en virages vertigineux vers l'océan. Vous y trouverez plusieurs petits restaurants.

À 5 km N. de Bailadero, par la TF-12 direction Las Teresitas et San Andrés, puis la TF 134.

7 Playa Roque de las Bodegas✦✦

Cette plage rocailleuse et sa mer agitée attirent les surfeurs ; on y trouve aussi quelques restaurants sympas, avec vue sur la grande bleue. Un chemin aménagé parmi les rochers permet d'avancer sur l'eau en toute sécurité et de s'approcher des nombreux pêcheurs.

*À 4 km E. de Taganana • Stationnement difficile le w.-e. • **Attention :** en cas de mauvais temps, les **plages** peuvent être dangereuses; lisez bien le panneau situé à l'intersection TF-12/TF-123 avant de vous engager sur la route qui y mène.*

8 Playa Benijo✦✦

Un sentiment de bout du monde règne le long de la route qui mène à **Benijo** et se termine ensuite, quelques kilomètres plus loin, en cul-de-sac.

Dernier village accessible en voiture, Benijo compte plusieurs restaurants de poisson simples et abordables, et sa plage, prisée des nudistes, est belle comme un tableau, notamment grâce aux **Roques de Anaga**, monolithes rocheux qui surgissent derrière les vagues (photo p. 53). Coucher de soleil de carte postale garanti !

À 3 km E. de Roque de las Bodegas.

9 Tegueste✦

Ce village accroché au flanc du massif de l'Anaga est un bon camp de base pour ceux qui veulent prendre le temps d'explorer le secteur.

Sur la **plaza de San Marcos**, où alternent palmiers et marronniers, l'église blanche et noire et la mairie se font face, reliées par une enfilade de maisons de couleurs sagement alignées.

Ce village resté assez authentique possède quelques bonnes adresses situées autour de la rue principale piétonne, la **calle Prebendo Pacheco**.

Outre ses multiples vues sur les montagnes alentour, Tegueste est connu pour sa *romeria* de San Marcos, une procession qui a lieu le dernier dimanche d'avril et réunit toute la population des environs.

Le village de Taganana et les monts d'Anaga, vus depuis le mirador de Bailadero

Promenade sur le sentier des Sens

Depuis le mirador Cruz del Carmen, une petite boucle paisible conduit au mirador Llano de los Loros. Ce Sendero de los Sentidos (« sentier des Sens ») permet de voir une végétation endémique, formée notamment de lauriers et de fougères. On emprunte d'abord une piste forestière aménagée jusqu'à une passerelle.
La seconde partie du chemin suit une ancienne voie utilisée autrefois par les habitants des hameaux d'Anaga pour rejoindre La Laguna à pied. On remonte ensuite vers le nord pour accéder au mirador Llano de los Loros, qui offre une belle vue sur toute la forêt. On redescend ensuite vers Cruz del Carmen.

Sendero de los Sentidos • Boucle de 1,3 km • Durée : 30 à 40 min • Niveau : facile • Il existe 2 autres versions de ce sentier pour des balades plus courtes (10 ou 20 min).

Office de tourisme : sur la plaza San Marcos • Infos sur le parc et les randonnées : mar.-sam. 7h30-15h.

10 Bajamar✦

Jolie petite station balnéaire située à l'extrémité ouest du parc rural d'Anaga, Bajamar jouit de magnifiques **piscines naturelles aménagées**, et d'un **Paseo Marítimo** qui permet de profiter de la beauté sauvage des flancs montagneux de l'Anaga, qui se terminent ici en une côte découpée.

Par la TF-13, on accède au **phare de la Punta del Hidalgo**, à 4 km au N., une étonnante construction blanche aux lignes futuristes datant de 2007.

Restos | Bars | Hôtels | Shopping | Activités

Restos Bistrots

La Venta Marrero

Restaurant de poisson 19

Une cabane de pêcheurs perchée sur les hauteurs de Benijo, avec probablement l'une des plus belles vues du coin ! Le poisson est ultra-frais et le menu change quotidiennement, en fonction de la pêche. Sardines et poulpe grillés, méli-mélo de poissons, calamars, coquillages, accompagnés de patates et de *mojo*, évidemment ! Une excellente adresse locale, prise d'assaut le week-end.

Caserio Benijo, 2 • Suivre la route de Benijo jusque sur les hauteurs • Parking en contrebas du restaurant • ✆922 59 03 02 • Jeu.-lun. 11h-17h • Plats 6-9€.

Guachinche Bibi y Mama

Taverne traditionnelle 20

Une excellente adresse pour déjeuner de spécialités canariennes. Cette sympathique taverne (*guachinche* en canarien) propose un menu appétissant : croquettes de thon, viande en sauce, poisson du jour, *papas con mojo*, tout est bon ! En prime, une agréable petite terrasse couverte de végétation.

***Taganana**, le long de la TF-134 • ✆643 94 79 23 • Sam.-mer. 11h-21h • Plat du jour 14 €.*

Xiomara Restaurante

Cantine populaire 21

On déjeune sous une vaste verrière qui ouvre sur une vue magnifique, entre mer et montagnes. Le menu est typiquement canarien – mention spéciale au poulpe frit. Le week-end, l'ambiance est familiale et les locaux s'y réunissent. En semaine, l'endroit est plutôt prisé des touristes.

***Taganana**, le long de la TF-134 • ✆922 15 69 54 • T.l.j. 13h-23h • Plats 10-12€, poisson du jour 21€.*

Tasca El Colgadizo

Relais traditionnel 22

Avec son bardage en bois foncé et sa grande verrière, ce restaurant a des allures de refuge de montagne. On y goûte un grand nombre de tapas classiques, *morcilla*, *carne fiesta* ou *ropa vieja de pulpo*, ainsi que des *montaditos*, ces mini-sandwichs variés. Le tout dans une ambiance locale et authentique.

*Calle Jose el Rubiante, 5, **Tegueste** • ✆922 54 23 18 • Lun.-sam. 12h30-23h • Tapas 4-8€, montaditos 1,50€.*

Tasca El Colgadizo

Cofradia de Pescadores

Restaurant de poisson 23

Un *pulpo frito con mojo*, avec une belle vue sur la mer et sur le Paseo Marítimo de Bajamar. Ce grand restaurant cultive une ambiance très populaire, où se mêlent mamies habituées des lieux, touristes réjouis et familles en goguette. Le service est attentionné et les plats généreux.

*Barranco San Juan, **Bajamar** • ✆922 15 69 54 • T.l.j. 13h-23h • Plats 10-12€, poisson du jour 21€.*

Bars, clubs Sorties

Café La Gangochera

Bar/cafétéria 7

Situé en contrebas du Centre des visiteurs du mirador Cruz del Carmen, ce café est un bon spot pour prendre un cappuccino ou un jus de fruits pressés après la rando. On y sert également des sandwichs et des tapas, réalisés à partir de produits locaux. Service aimable et terrasse ombragée.

Cruz del Carmen • T.l.j. 9h30-16h • Pâtisseries et sandwichs 2-5 €.

Chalet Anagato

Hôtels B&B

Chalet Anagato

Refuge chaleureux

On apprécie cet hébergement pour son charme montagnard et ses chambres avec vue qui donnent soit sur les montagnes, soit sur la mer. Plusieurs espaces sont à partager avec les autres clients, notamment les salles de bains, la cuisine et le jardin. Ambiance conviviale et détendue.

Calle Urbanización las Rias, 18, ***Tegueste*** *• ☎ 623 04 54 00 • Double 40€, petit déj. inclus.*

Activités Détente

Anaga Experience

Visites guidées

Des guides locaux qui vous emmèneront explorer la région de l'Anaga sous toutes ses coutures : sur les flancs montagneux en randonnée (plusieurs circuits proposés), sur les eaux bleues de Las Teresitas en paddle ou en kayak... Quant à la visite « Enografia, naturaleza y cultura », elle allie randonnée, visite de La Laguna et halte dans une *bodega* de Tegueste.

☎ 666 513 646 • www.anagaexperience.com • Circuits de randonnée 18-35€; Enografia Tour 55-65€.

DANS L'ANAGA ENTRE MER ET MONTAGNES

Le parc rural d'Anaga offre un décor très différent du Teide. Partir sur les sentiers de l'Anaga, c'est découvrir un paysage sauvage à la végétation étonnamment luxuriante. La boucle au départ d'Afur vers la plage de Tamadite, puis vers Taganana, donne un excellent aperçu de cette partie de l'île.

D'Afur à la Playa del Tamadite

À partir du minuscule village d'Afur, le sentier qui mène à l'océan traverse une zone de montagnes verdoyantes. Cette première partie en pente douce est facile et magnifique. Une fois arrivé à la mer, vous serez sous le charme de la **Playa del Tamadite** et de son sable blanc. La baignade y est souvent trop dangereuse à cause des courants, mais ce petit coin de paradis est idéal pour une pause pique-nique.

De la Playa del Tamadite à Afur

En quittant la plage, on longe l'océan à flanc de colline. D'immenses cactus bordent le chemin, et le panorama sur la côte est enchanteur. À **Taganana** (p. 56), vous prendrez un sentier vers la gauche qui vous ramènera à Afur par l'intérieur des terres. Cette dernière partie est plus éprouvante que les deux premières car elle est en montée et le paysage est moins exceptionnel. Au lieu de réaliser la boucle entière, de nombreux randonneurs choisissent de s'arrêter à Taganana et de longer le sentier côtier en aller-retour jusqu'à la Playa del Tamadite.

***Boucle entière :** 11,5 km • **Durée :** 1h30 à 2h • **Difficulté :** moyenne, voire difficile par sa longueur • **Départ :** parking d'Afur (à 200 m d'alt.) • **Dénivelé maximum :** 900 m.*

***Variante avec A/R entre Taganana et la Playa del Tamadite :** 9,5 km • **Durée :** env. 3h30 • **Dénivelé :** 500 m.*

L'océan près de la Playa del Tamadite

Le sentier à travers la forêt menant au mirador de Zapata

RANDONNÉE VERS LE MIRADOR DE ZAPATA

Une balade à travers la laurisylve d'Anaga, une forêt luxuriante dont les mystères sont racontés sur différents panneaux explicatifs numérotés. Au départ de Cruz del Carmen, le sentier forme une boucle qui passe par le superbe mirador de Zapata, d'où le point de vue sur le Teide est étourdissant.

1. Après avoir traversé la TF-12, le sentier s'enfonce dans la forêt, derrière le restaurant Cruz del Carmen. On pénètre immédiatement au cœur de la **végétation si particulière d'Anaga** – composée d'arbres aux feuilles semblables à celles du laurier, d'où son nom –, qui enveloppe peu à peu les marcheurs. On peut aussi prendre la boucle dans l'autre sens, mais la remontée sera plus ardue.

2. Un peu plus loin, une **petite grotte** d'où s'écoule un filet d'eau évoque la grande humidité qui règne ici – la laurisylve prospère grâce à la **mer de nuages protectrice** qui plane au-dessus de la zone. Le sentier est très aménagé et semi-plat. On entrevoit la mer à travers les arbres, dans lesquels chantent les oiseaux. Des racines entrelacées dessinent les côtés du sentier.

3. Arrivé à la route, prendre à droite sur quelques dizaines de mètres, puis à gauche au niveau de la balise rouge. Bientôt, on rencontre un **laurier très ancien**, dont le tronc procure un abri protecteur aux jeunes pousses. Le sentier longe ensuite la route jusqu'au **mirador de Zapata**.

À l'endroit où la forêt desserre son emprise, prenez le temps d'observer la somptueuse **vue sur le Teide**. Vous y verrez peut-être la fameuse mer de nuages !

4. Du mirador, on redescend par la droite, en s'éloignant progressivement de la route, direction Las Mercedes. Les bruits de la forêt envahissent à nouveau l'atmosphère, les odeurs se font plus présentes. On se fraie un chemin entre les **eucalyptus**.

5. Le sentier forme une épingle pour retourner vers Cruz del Carmen, puis remonte en pente douce. Quelques mètres avant la route, un **alignement de pierres** indique le chemin à suivre pour revenir au point de départ.

INFORMATIONS PRATIQUES

- **Départ/Arrivée :** devant le Centre des visiteurs de Cruz del Carmen
- **Distance :** boucle de 5,3 km
- **Dénivelé :** 181 m
- **Balisage :** rouge ; suivre les balises et les panneaux « Las Enigmas ».
- **Niveau :** facile
- **Durée :** 2h15

LE TEIDE ET LES TERRES DE L'INTÉRIEUR 4

Des hauteurs forestières de la route des Crêtes (Carretera Dorsal) aux horizons volcaniques désolés du parc national du Teide, la nature est reine. Cette visite au cœur de l'île réserve des points de vue époustouflants. Un road-trip qui ouvre de nombreuses possibilités de randonnées et qui frappe par sa beauté insolente et lunaire.

Carte p. 68

Le volcan du Teide

Carretera Dorsal

Au départ de La Laguna, la « route dorsale » file sur les crêtes volcaniques à plus de 2000 m d'altitude. Sur un trajet de 43 km, elle offre des paysages uniques sur les deux versants de Tenerife et un avant-goût indispensable du Teide. En quittant La Laguna, vous remarquerez les métamorphoses de la végétation : arbustes aux alentours de 1200 m d'altitude, apparition de fougères vers 1400 m, horizons rocailleux vers 1800 m…

1 Bosque de la Esperanza**

La route traverse une vaste forêt de pins des Canaries et d'eucalyptus, le Bosque de la Esperanza. On peut s'arrêter au **mirador Pico de las Flores**, l'un des tout premiers belvédères construits le long de la route, en pierre, et qui permet d'avoir un aperçu de la végétation. On y accède

La forêt de la Esperanza, sur la route du Teide

par un petit sentier forestier en une dizaine de minutes.

Route TF-24, km 14.

Au km 16, le **Forestal Park** (p. 73), un parc de tyroliennes, est installé au cœur de la forêt. Juste en face de l'entrée, on peut emprunter le **sentier El Centeno**, qui permet de faire une promenade rapide et facile.

2 Mirador de Ortuño✦✦

Situé à 1 610 m d'altitude, ce mirador très bien aménagé permet d'observer l'océan ainsi que le volcan du Teide et son pic enneigé. Bien souvent, une mer de nuages se forme en contrebas, offrant une vision surréaliste de ce versant de l'île.

TF-24, km 20.

3 Miradors de Chimague et de Chipeque✦✦

Le mirador de Chimague se trouve au sud de la route, celui de Chipeque au nord. Ces deux belvédères permettent d'observer **les deux versants de l'île** et révèlent sa grande diversité naturelle ainsi que l'influence des différents climats sur sa végétation.

TF-24, km 26.

4 Mirador de La Crucita✦

De ce grand belvédère en balcon, on aperçoit la **caldeira de Pedro Gil** avec le volcan d'Arafo, ainsi que la vallée de Güímar et, à l'horizon, l'île de Gran Canaria. On peut aussi distinguer un

Vue depuis le mirador de La Crucita

sentier qui descend vers le sud : c'est celui qu'empruntent certains habitants de La Orotava et du nord de l'île pour le pèlerinage de Candelaria (p. 30).

TF-24, km 30.

5 La Tarta del Teide**

La route des Crêtes abonde en surprises; ainsi, la Tarta, ces étranges méandres colorés (blancs, noirs et rouges) visibles sur les bords de la route et qui permettent d'observer les différentes périodes géologiques de la zone.

TF-24, km 32.

6 Mirador Corral del Niño*

Établi à 2240 m d'altitude, ce belvédère permet d'observer le volcan du Teide, la mer de nuages qui recouvre partiellement les pentes rouges et l'observatoire astronomique.

TF24, km 38.

7 Observatorio del Teide**

Istituto de Astrofísica de Canarias

Depuis le XIXe s., Tenerife est prisée des astronomes. En témoigne notamment le Museo de la Ciencia y el Cosmos de La Laguna (p. 47). Son altitude et la clarté de sa nuit – vierge de pollution lumineuse – en font un site privilégié d'observation du ciel.

L'**observatoire d'astrophysique** du Teide a été construit en 1964, à 2400 m d'altitude à Izaña, au nord du volcan. Jusqu'à l'inauguration de celui de Roque de Muchachos (l'observatoire de La Palma), c'était l'un des plus importants au monde. Il est toujours en activité, et il est possible de le visiter, en réservant à l'avance auprès de Volcano Teide Experience (voir p. 73).

Izaña,TF-514 (via TF-24) • Pour en savoir plus sur les activités de l'observatoire : www.iac.es.

Parque Nacional del Teide

Vous êtes à l'entrée de l'un des joyaux de Tenerife : le parc national du Teide, l'un des plus visités d'Europe. Arpenter la caldeira (vaste cratère) de Las Cañadas est une expérience sans commune mesure, qui révèle des paysages si étranges qu'on les croirait lunaires. Cette zone de haute montagne au climat subtropical jouit d'une grande richesse végétale et de variations de climat impressionnantes : la neige recouvre le parc en hiver, tandis qu'il y fait très sec en été.

Parc national du Teide mode d'emploi

• Il y a trois entrées possibles pour accéder au parc national du Teide : Chio à l'ouest, Boca de Tauce au sud et El Portillo au nord-est.

• Trois centres d'information sont proposés aux visiteurs : El Portillo et Cañada Blanca, au sein du parc, et Telesforo Bravo, à La Orotava.

El Portillo : TF-21, km 32 • ☏922 92 23 71 • T.l.j. 9h-16h.

Cañada Blanca : sur la TF-21, km 46, au niveau du parador et de Los Roques de García • ☏922 92 23 71 • T.l.j. 9h-16h.

Telesforo Bravo : calle Dr. Sixto Perera Gonzalez, 25, El Mayorazgo - La Orotava • ☏922 92 23 71 • Mar.-dim. 9h-14h et 15h30-18h.

• Pour accéder au cratère du Pico del Teide, il faut réserver un permis (gratuit) au moins 2 mois à l'avance sur www.reservasparquesnacionales.es. Si vous n'avez pas réussi à en obtenir un, vous pourrez monter jusqu'au cratère avec un guide homologué disposant du précieux sésame (voir Volcano Teide Experience, p. 73).

8 Centro de Visitantes El Portillo⁺⁺

Au Centre des visiteurs d'El Portillo, vous trouverez des informations sur le parc, son histoire, sa flore et sa faune, ses sentiers, ainsi qu'un film de 11 minutes expliquant le phénomène volcanique. Il dispose aussi d'un rayon librairie (cartes et guides en différentes langues). Un petit **jardin botanique** est également à découvrir. El Portillo marque l'entrée nord du parc.

TF-21, km 32 • ☏922 92 23 71 • T.l.j. 9h-16h • Rayon librairie avec cartes et guides en différentes langues.

⑨ Minas de San José✦✦

Des dunes lunaires au sable dans les tons jaune, ocre et vert, ponctuées çà et là de rochers. Ces mines permettaient l'extraction de la pierre ponce *(piedra de pomez)*. En 1981, lors de la reclassification du site en parc naturel, les concessions ont été suspendues et l'environnement naturel restauré.

Au-delà, la route continue en longeant la **Montaña Blanca**, tapissée de lapilli, pierres ponces de couleur blanche.

TF-21, km 38.

⑩ Tabonal Negro✦✦

Cette **mer de lave brune solidifiée** se trouve à la base du volcan du Teide, quasiment au point de départ du sentier qui monte au téléphérique.

TF-21, km 41.

11 El Pico del Teide⁺⁺⁺

Le Teide est le plus haut sommet d'Espagne (3718 m). C'est en réalité un **ensemble de plusieurs volcans**, le Pico del Teide proprement dit étant prolongé à l'ouest par le **Pico Viejo** (3129 m; voir aussi p. 78-79), par la **Montaña Blanca** (2748 m) au sud-est, et par le **Rajada** (2507 m) à l'est.

La dernière éruption du Teide date du XVIIIe s. : la lave s'échappa alors pendant plusieurs mois des **Narices del Teide** (les « narines du Teide »), à l'O. – on peut encore voir les coulées de lave solidifiée sur le versant ouest.

Aujourd'hui, le volcan est endormi. Son activité se limite à des fumerolles, émanations de gaz sulfureux, sur les flancs d'El Pilón.

L'ascension du Teide en téléphérique⁺

Déconseillé aux personnes souffrant de vertige, le téléphérique conduit ses 40 passagers de la base du Teide à 3550 m d'altitude en 8 à 10 minutes et survole un cratère. Il est conseillé de venir tôt le matin pour éviter la foule… et les nuages. Le trajet est superbe, et la sensation forte.

De la **plate-forme**, on peut observer tout le parc et, par temps clair, les six autres îles de l'archipel des Canaries.

Si vous avez un permis, vous pourrez accéder au **cratère du volcan** (sans pour autant pouvoir vous en approcher) après 30 à 45 minutes de marche de difficulté moyenne – la pente est raide, mais le sol est praticable (déconseillé aux - de 12 ans).

Accès par téléphérique • ☎ 922 01 04 44 • www.volcanoteide.com • Résa obligatoire • T.l.j. 9h-17h, fermé par vent fort et par

Minas de San José

La plaine d'Ucanca
et les Roques de García en arrière-plan

mauvais temps • Billet A/R : 38 € • Permis obligatoire pour l'accès au cratère (réserver au moins 2 mois avant sur www.reservasparquesnacionales.es ; gratuit) • Prévoir un bon pull et un coupe-vent pour l'arrivée au sommet car il y fait toujours beaucoup plus frais.

12 Los Roques de García✦✦

Ces étranges formations rocheuses se dressent, imposantes, dans un paysage aux allures désertiques (voir randonnée p. 74). De l'autre côté de la route, on peut voir le Parador Nacional (p. 72) et le **Centre des visiteurs de Cañada Blanca**.

Cañada Blanca, sur la TF-21 km 46, au niveau du parador et de Los Roques de García • ☏ 922 92 23 71 • T.l.j. 9h-16h.

13 Llano de Ucanca✦✦

On traverse ensuite toute l'étendue de sable gris du Llano de Ucanca (« plaine d'Ucanca »), avant d'atteindre le **mirador de los Azulejos**, des rochers dont la coloration verte est due à la présence d'hydrate de fer.

TF-21, km 49.

14 Zapato de la Reina✦

Cette arche de roche volcanique prend la forme d'un escarpin d'une centaine de mètres de hauteur, d'où son nom, qui signifie « soulier de la reine ».

TF-21, km 51.

15 Boca de Tauce✦

Boca de Tauce marque l'entrée sud du parc. Ce champ de lave offre une vue saisissante sur le Teide. Au niveau du site, le petit **Museo Etnográfico Juan Évora** évoque le mode de vie traditionnel des bergers de Las Cañadas à l'aide d'outils et d'une chambre reconstituée, celle de Juan Evora, le dernier berger de Las Cañadas.

Le parking de Boca de Tauce est le point de départ de plusieurs **sentiers de randonnée** (attention, il ferme à 15h45).

***Museo Etnográfico Juan Évora :** au croisement de la TF-21 et de la TF-38 • ☏ 922 92 23 71 • T.l.j. 9h-15h45 • Entrée libre.*

16 Mirador Narices del Teide✦✦

Ce belvédère des « narines du Teide », sur la route TF-38, permet d'observer deux cratères sur le flanc du **volcan Pico Viejo**, le

2e plus haut sommet de Tenerife (3 129 m ; voir randonnée p. 78), dont la dernière éruption date de la fin du XVIIIe s. De cet événement, il reste une coulée de lave d'une superficie de 5 km², encore visible aujourd'hui.

17 Chirche✦

En continuant la TF-38 vers l'O. et Santiago del Teide, on rencontre le petit village de Chirche, classé en raison de ses très nombreux **fours à tuiles** encore conservés. Un belvédère (mirador) a été aménagé dans les hauteurs de la petite localité. Une cafétéria d'où la vue est splendide y est ouverte.

TF-38, calle la Rompida, à Chirche
• Cafétéria : t.l.j. sf lun. 9h-19h.

18 Vilaflor✦

En sortant du parc par Boca de Tauce et la TF-21, arrêtez-vous au **mirador de Pino Gordo**, qui offre des vues sur l'île de La Gomera et la forêt de pins des Canaries.

Prenez ensuite le temps de découvrir **Vilaflor**, connue pour être « la plus haute ville des Canaries » (1 600 m d'altitude). Cette étonnante cité est également célèbre pour ses dentelles au fuseau et son eau minérale. Petites maisons blanches et demeures anciennes sont alignées le long des ruelles et autour de la jolie **plaza San Pedro**, où s'élève l'église San Pedro Apóstol (XVIe-XVIIe s.).

Importante dans tout l'archipel, la **Fête-Dieu** est célébrée ici de manière singulière : on confectionne des tapis de terre volcanique ornés de motifs religieux dessinés à la craie et recouverts de terre de différentes couleurs. Un spectacle de toute beauté !

Vilaflor, plus haute ville des Canaries

Restos Bistrots

Restaurant du Parador Las Cañadas del Teide

Cuisine canarienne 24

Si vous souhaitez vous faire plaisir, optez pour ce restaurant traditionnel canarien établi dans un cadre absolument superbe. Les *paradores* sont des lieux d'hébergement touristique installés dans des édifices historiques et dédiés à la mise en valeur du patrimoine espagnol.

Las Cañadas del Teide • 922 38 64 15 • www.parador.es • Résa en ligne conseillée • T.l.j. 8h-22h30 • Plats 10-12 € • Sortie nocturne « Observation des étoiles » tous les ven. à 22h30.

Casa Pana

Table authentique 25

Déjeuner à Vilaflor peut être une bonne option après ou avant la visite du parc national. Cette sympathique adresse propose une bonne cuisine canarienne, mitonnée selon les arrivages du marché et servie généreusement. Beau choix de vins provenant de la région de Vilaflor. Jolie terrasse ombragée par une pergola recouverte de vigne.

*Calle Castaños, 7, **Vilaflor** • 922 70 90 70 • Mer.-dim. 12h-17h • Plats 10-12 €.*

Pause déjeuner dans le parc national du Teide

Il est vivement recommandé d'emporter un pique-nique car les options de restauration sont vraiment médiocres au sein du parc. Si toutefois vous n'avez rien prévu, deux établissements sont installés en bordure de route, au niveau de Portillo Alto : Bamby et El Portillo.

Hôtels B&B

Parador Las Cañadas del Teide

Hébergement de charme

Cet hôtel est parfait pour vivre l'expérience inoubliable d'une nuit luxueuse au cœur du parc du Teide, à 2 000 m d'altitude, ou pour se reposer dans un calme absolu après une randonnée (photo p. 11).

Las Cañadas del Teide • 922 38 64 15 • www.parador.es • Double à partir de 190 € (des tarifs promotionnels sont régulièrement proposés).

Hotel Rural Vilaflor

Bon marché

Un hôtel installé dans une maison traditionnelle. Les chambres sont assez petites mais l'ensemble est soigneusement décoré. Ambiance et charme rustiques.

*Calle Dolores, 20, **Vilaflor** • ☎ 600 35 04 90 • hotel-rural-vilaflor.vilaflor.hotel-tenerife.net • Double à partir de 45 €, petit déj. 7 €.*

Activités Détente

Forestal Park

Accrobranche et tyroliennes

Un parc avec 11 parcours de difficultés variables, dont une tyrolienne à 230 m de hauteur ! Une manière ludique de découvrir la magnifique forêt du Bosque de la Esperanza.

***La Esperanza**, TF-24, km 16 ☎ 630 38 57 42 • www.forestalparktenerife.es • Juil.-mi-sept. t.l.j. 10h-19h (dernière entrée 16h), mi-sept.-juin les w.-e. et j. fériés.*

Volcano Teide Experience

L'entreprise, liée à l'exploitation du téléphérique, organise diverses excursions dans le Teide (avec ou sans transport depuis votre lieu de villégiature). Plusieurs activités sont proposées, dont l'ascension guidée du Teide à pied, la visite de l'observatoire astronomique ou la découverte du ciel nocturne. Et, bien sûr, la vente des billets pour le téléphérique. Créneaux de visite en français.

*TF-21, km 43 • ☎ 922 01 04 44 • www.volcanoteide.com • Réservation obligatoire pour les activités • Billets pour le **téléphérique** : 38 € A/R, ascension de nuit 60 € ; **observatoire solaire** (à partir de 8 ans) : 21 € • Pour connaître toutes les activités proposées, consultez le site Internet.*

Randonner dans le parc national du Teide

De difficulté et de durée variables, la plupart des randonnées dans le parc du Teide partent du parador de Cañada Blanca ou du Centre des visiteurs d'El Portillo, où vous trouverez l'indispensable carte du parc. Prévoyez de solides chaussures, un chapeau, des lunettes de soleil et de l'eau.

De nombreuses randonnées sont réservées aux marcheurs aguerris. Celle vers Fortaleza *(2h30 A/R au départ d'El Portillo)* n'offre pas de difficulté et constitue une excellente introduction au parc du Teide. On peut aussi passer une nuit dans le parc au refugio de Altavista, situé près du Pico del Teide, ce qui permet d'envisager des randonnées plus longues *(se renseigner au préalable sur son ouverture)*.

LOS ROQUES DE GARCÍA

Dès votre arrivée, vous reconnaîtrez ces rochers, représentés sur les brochures touristiques aux côtés du Teide. C'est le site le plus visité du parc national. Le sentier permet d'accéder à de superbes vues sur le versant ouest de la Caldeira, la plaine d'Ucanca et les volcans du Teide et du Pico Viejo. Il permet aussi d'observer la flore du parc, réputée pour sa grande diversité.

INFORMATIONS PRATIQUES

- **Départ/Arrivée :** au niveau du parador Las Cañadas del Teide.
- **Durée :** 2h, parcours circulaire.
- **Distance :** 3,5 km • **Dénivelé :** 175 m.
- **Balisage :** aucun; sentier n° 3 indiqué sur le plan du parc.
- **Niveau :** facile pour la 1re partie; moyen pou le tronçon de fin, en forte pente.
- **Variante :** on peut raccrocher le sentier n° 2 (qui rejoint le Pico Viejo, voir p. 78) ou le n° 26 (qui rejoint la plaine d'Ucanca).

1. Le sentier s'étire d'abord vers le nord. Il est au début complètement plat (ce tronçon est même accessible aux personnes handicapées) et contourne Los Roques au nord. On aperçoit de très près ces étonnantes « **cheminées phonolitiques** », des « bouchons » de lave bloquée dans le conduit de volcans aujourd'hui érodés. La lave n'ayant jamais pu sortir à la surface, elle s'est solidifiée en prenant la forme du conduit.

2. Le sentier descend ensuite en pente douce vers le **Llano de Ucanca**, une plaine d'origine sédimentaire. On pourra observer une impressionnante coulée de lave solidifiée dénommée « **la Cascada** », ainsi qu'un type de lave très fluide qui prend un aspect brillant une fois refroidie, mais peut aussi présenter des formes plus tortueuses (elle est dite alors « cordée »). On peut en voir plusieurs exemples sur le chemin.

Roques de García

3. Une fois dans la plaine d'Ucanca, on parcourt un petit tronçon plat, en longeant des **digues de magma agglutiné**. Puis le sentier entreprend de remonter vers le point de départ en offrant une vue sur un piton rocheux surnommé « **la Cathédrale** », qui est aussi une cheminée phonolitique, devenue visible après l'érosion du volcan dans lequel elle s'est formée.

DEUX RANDOS FACILES AU PIED DU TEIDE

Pour profiter tout en douceur du parc national du Teide, voici deux idées de boucles qui vous permettront de découvrir des paysages volcaniques variés, quel que soit votre niveau de marche : la boucle de Samara et celle qui contourne le volcan Chinyero, toutes deux situées sur le versant ouest du Teide. Pour ces deux balades, c'est en fin d'après-midi que les lumières sont les plus belles.

Boucle de Samara

Une introduction parfaite au parc national du Teide ! Au pied de l'ancien volcan Samara, un sentier en boucle offre la possibilité d'une randonnée particulièrement appréciée des familles. Les paysages sont superbes, avec le volcan Teide en arrière-plan, dans un décor lunaire ponctué des célèbres **pins des Canaries** au vert si éclatant. Le dénivelé est doux tout au long de la randonnée

Boucle de 5 km • Difficulté : aucune • Départ : parking du mirador de Samara, à 1875 m d'altitude (voir carte p. 68) • Durée : 1h30 à 2h • Dénivelé total : 200 m.

Le volcan Chinyero

Un sentier circulaire permet d'évoluer autour du volcan Chinyero, à travers les coulées de lave les plus récentes de Tenerife (la dernière éruption date de 1909). En tournant dans le sens inverse des aiguilles d'une montre, le sentier traverse d'abord la pinède canarienne puis continue vers les champs de lave. Le dépaysement est garanti entre le terrain noir anthracite et l'impressionnante structure de la coulée principale. Au fil de la balade, vous profiterez de belles vues sur le Teide et sur l'océan.

Boucle de 5,7 km • Difficulté : aucune • Départ : juste après le mirador de los Poleos dans le sens de la montée, à 1440 m d'altitude (voir carte p. 68) • Durée : 1h30 à 2h • Bonnes chaussures nécessaires pour marcher sur les roches volcaniques, fort irrégulières.

Vue sur le Teide depuis le sentier de Samara

UNE ÎLE NÉE DU FEU

Les Canaries ont surgi des entrailles de la terre et du chaos : coulées de lave, pluies de cendres, raz-de-marée... Depuis la conquête espagnole, une vingtaine d'éruptions ont été enregistrées dans l'archipel. À Tenerife, la dernière, celle du volcan Chinyero, date de 1909.

Des volcans dans la mer

L'archipel canarien s'est formé au cours d'une période très longue, de 20 millions d'années pour la plus ancienne (Fuerteventura) à 3 millions d'années pour les îles les plus récentes (La Palma et El Hierro). **Tenerife** est née d'une éruption volcanique il y a 8 à 10 millions d'années. Cette terre rouge, verte et noire, tantôt ridée, tantôt étrangement lisse, est visible notamment dans le magnifique parc du Teide.

Coulées de lave bien visibles sur les pentes du Teide

Panoramas volcaniques

L'effet destructeur d'une éruption (comme celle du **volcan Trevejo** à Garachico en 1706, p. 113), et la modification du paysage qu'elle entraîne varient selon le type de lave rejeté par les volcans. En fonction de sa composition chimique – basalte ou obsidienne –, de sa viscosité et de sa température, la lave ne prend pas la même forme et se répand de manière différente.

Les coulées de basalte liquide
Ce sont les plus fréquentes aux Canaries. Elles se déversent en véritables **torrents** (jusqu'à 80 km/h) sur plusieurs kilomètres. Au sommet du **Teide**, vous pourrez voir des coulées plissées comme des tissus ou enroulées en cordes.

Les laves à base d'obsidienne
De couleur noire ou verte, elles sont à l'inverse très **visqueuses** et ont tendance à s'empiler pour créer des **dômes**, ou « cumulo-volcans ». Poussées vers le haut par la pression de la chaleur, elles

Plage de Los Gigantes : sable noir et rochers de lave

forment parfois des monolithes verticaux. Lorsque le torrent se tarit, un **tunnel** se forme. Avec l'érosion, des chenaux de lave apparaissent, comme ceux qui strient les pentes du Teide.

Les cheminées phonolitiques
Ces formations sont des sortes de « bouchons » de lave solidifiée, coincés dans le conduit d'un volcan. Elles deviennent visibles lorsque le volcan s'érode et les libère, comme aux Roques de García (p. 74).

Influence du volcanisme

On la constate notamment sur les **plages**. Le sable, tantôt **noir intense**, tantôt **gris anthracite** et parfois même **vert** (p. 68), provient de l'érosion des coulées de lave.

Les caldeiras

Les volcans naissent d'une fracture de la couche externe du globe terrestre (la lithosphère). Quand les fissures s'orientent dans des directions différentes, un volcan dit « central » se crée et son sommet forme un **cratère.** Lorsque le rayon de celui-ci dépasse 1 000 m, on désigne ce volcan du nom de caldeira (« cratère »). C'est le cas de celle de Las Cañadas del Teide.

Las Cañadas del Teide

C'est l'une des caldeiras les plus vastes de la planète : 17 km de diamètre et près de 45 km de circonférence ! Elle serait née il y a un ou deux millions d'années après un gigantesque cataclysme, suivi d'éruptions.

Constituée de débris volcaniques accumulés, elle ressemble à un immense **champ de lave** ponctué çà et là d'éboulis ou de concrétions rocheuses aux formes fantastiques. Roches et graviers offrent une **étonnante variété de coloris,** du blanc au noir en passant par le violet sombre et le rouge. Ces différences de teintes sont dues à la **teneur en manganèse** et à la présence soit d'**obsidienne**, qui donnent une tonalité sombre et brillante, soit de **pierre ponce qui éclaircit les champs de lave**.

Bien sûr, la végétation est rare, seulement constituée de plantes très peu exigeantes.

L'ASCENSION DU PICO VIEJO

Atteindre le 2e plus haut sommet de Tenerife est un bel objectif pour les marcheurs aguerris. Cette randonnée est plus courte que l'ascension du Teide, mais elle vous occupera tout de même une journée. Elle vous permettra d'approcher l'impressionnant cratère de ce vieux volcan, dont la dernière éruption date de 1798. De plus, contrairement au sommet du Teide, l'accès au Pico Viejo n'est pas soumis à une autorisation préalable et ne peut pas se faire en téléphérique, donc vous y serez bien tranquilles !

L'ascension via les Narices del Teide

La majorité des randonneurs effectue l'ascension du Pico Viejo en passant par les Narices del Teide (« narines du Teide »). Ces « narines » sont en fait **deux cratères secondaires** nés de la dernière coulée de lave du volcan. Vous les longerez par la droite pendant la montée en passant par le **belvédère de Chio**, et de l'autre côté lors de la descente.

Flore endémique du parc national du Teide

INFORMATIONS PRATIQUES

- **Départ :** parking des Narices del Teide, à 2080 m d'altitude.
- **Durée :** env. 7h A/R, pause incluse.
- **Distance :** 14 km.
- **Balisage :** sentier n° 9.
- **Dénivelé total :** 1050 m.
- **Niveau :** difficile (pour randonneurs aguerris).
- **À prévoir :** chaussures de marche, vêtements pour le froid, eau en quantité suffisante et pique-nique.

Sur la première partie de l'ascension, un décor de **roche volcanique noire** vous accompagne. Vous traversez ensuite un paysage plus aride, où la terre prend une **teinte orangée**.

Au fur et à mesure, la montée devient plus raide et plus difficile du fait de l'altitude – le Pico Viejo culmine à 3129 m – et d'un **sol sableux** qui ralentit votre progression tout en créant de la poussière. Selon la saison, vous pourrez même croiser de la neige juste avant d'atteindre le cratère, et les températures au sommet peuvent approcher de zéro, même quand il fait beau et chaud sur les plages de Tenerife.

Il est donc essentiel de prévoir plusieurs couches de vêtements.

Le tour du cratère

Une fois au sommet du Pico Viejo, le Teide vous semblera bien proche, juste au-dessus de vous. Après une pause pique-nique bien méritée, vous commencerez à longer le **bord du cratère** dans le sens inverse des aiguilles d'une montre. Vous profiterez alors d'un superbe **panorama sur l'océan**, et plus particulièrement sur l'île de La Gomera et même sur La Palma au loin.

Attention, il n'est pas possible d'effectuer le tour complet du cratère : il faudra **revenir sur vos pas** lorsque le sentier disparaît au niveau du point le plus haut.

Cette balade de 2 km en tout sur l'arête du cratère est assez facile, avec un faible dénivelé, et elle enchantera tous les passionnés de volcans car le vieux cratère est impressionnant par sa taille (750 m de diamètre) et offre une succession de magnifiques points de vue.

Variante par les Roques de García

Il est possible de combiner la randonnée des Roques de García (voir p. 74) avec l'ascension du Pico Viejo. Dans ce cas, la marche est légèrement plus longue, mais si vous avez de toute façon prévu de découvrir les Roques, c'est une option intéressante, qui offre des paysages encore plus contrastés.

À l'aller, vous choisirez de longer l'un des côtés des Roques de García, et vous parcourrez l'autre côté au retour afin de ne rien manquer de ce site extraordinaire.

Pour cette variante, départ du parking des Roques de García, à 2 130 m d'altitude • Dénivelé total : 1 000 m • Durée : env. 7h30.

Le cratère du Pico Viejo et l'île de La Gomera

LA OROTAVA

5

Arpenter le cœur de La Orotava, c'est se laisser envoûter par l'élégance majestueuse de l'architecture canarienne : maisons seigneuriales ourlées de balcons sculptés, églises baroques en pierre volcanique, vastes places... La vieille ville, remarquablement préservée, témoigne d'une longue prospérité tirée de son port, Puerto de la Cruz. Elle réserve une promenade entre les XVIIe et XVIIIe siècles, ponctuée de bonnes adresses de bouche et d'opulents jardins qui offrent aux visiteurs un peu d'ombre et de fraîcheur.

La coupole de l'église Nuestra Señora de la Concepción

1 Plaza de la Constitución✦✦

Cette vaste esplanade conçue en balcon sur l'ouest de la ville donne un bel aperçu des richesses de La Orotava. Bordée au nord par l'**Iglesia de San Agustín** (fin XVIIe s.) et sa façade baroque, et au sud par les jardins Victoria, elle est le cœur de la ville historique. Un ballet populaire s'y joue continuellement, entre les sorties de messes, les passants déambulant autour du kiosque central et les serveurs affairés des terrasses de café.

2 Jardines Victoria✦✦

Construits en terrasses à la demande du marquis de la Quinta Roja, ces jardins aujourd'hui municipaux offrent une vue imprenable sur la ville. Un **mausolée maçonnique** y a été érigé afin d'abriter la dépouille du fils du marquis, Diego de Ponte del Castillo, rejeté par l'Église à cause de son appartenance à la franc-maçonnerie. Le **café Taoro**, qui déploie sa terrasse au cœur du jardin, est une halte idéale.

Votre attention sera probablement attirée par un édifice peint en rouge et particulièrement imposant. Et pour cause : le **Liceo de Taoro** fut pensé à l'origine (en 1928) comme un palais urbain pour accueillir le mariage de la marquise d'El Sauzal.

Plaza de la Constitución • ☎ 922 32 44 44 (mairie) • T.l.j. 9h30-20h • Entrée libre.

3 Jardín Botánico✦

Lové derrière l'*ayuntamiento* (l'hôtel de ville), ce superbe jardin botanique n'a pas à rougir de la proximité des jardins Victoria. Il appartenait autrefois à un couvent, avant d'être replanté d'arbres emblématiques de l'archipel à la fin du XIXe s. Entre les dragonniers, les palmiers et les bananiers, les allées étroites et touffues sont un enchantement.

Hijuela del Jardín Botánico • ☎ 922 32 30 41 • Lun.-ven. 9h-20h • Entrée libre.

4 Calle de San Francisco✦✦

La renommée de cette rue lui vient de son **enfilade de maisons seigneuriales**, qui témoignent du glorieux passé de La Orotava. Aujourd'hui, plusieurs de ces *casas* ont été transformées en musées ou galeries. Une belle occasion d'approcher de près l'architecture canarienne.

Casa de los Balcones✦✦✦

De son vrai nom Casa Mendez Fonseca, cette célèbre maison construite en 1632 est

Vue de La Orotava depuis les jardins Victoria

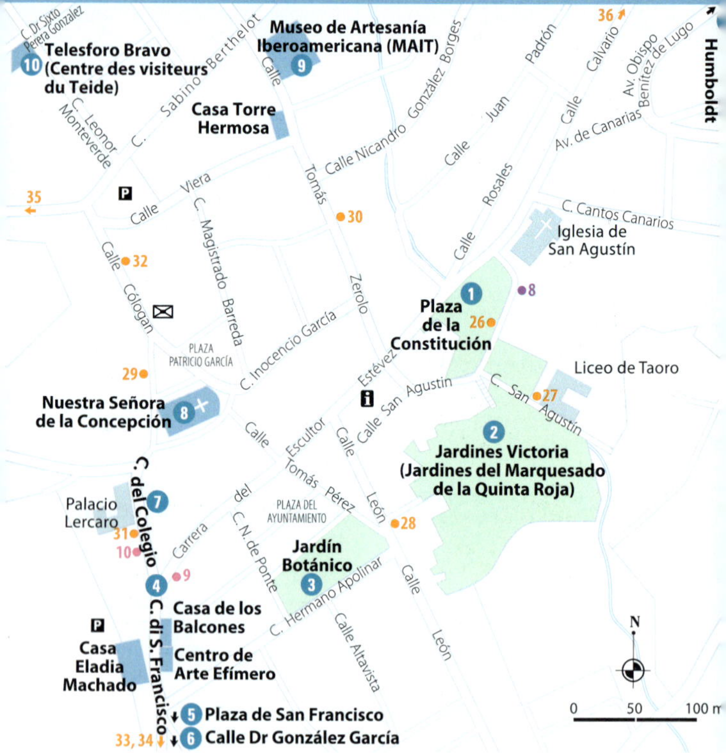

caractéristique de l'architecture traditionnelle canarienne (voir p. 52-53) : portes et balcons ouvragés, volets aux allures de moucharabiehs, superbe patio et terrasse avec une vue sur la vallée.

Petit voyage dans le temps, la visite permet de découvrir le patio ainsi que le 1er étage, dont les pièces ont été meublées comme aux XVIIe-XVIIIe s.

Calle San Francisco, 3 • ☎ 922 33 06 29 • www.casa-balcones.com. • Lun.-sam. 10h-18h • 5 € ; audioguide : 1 € (en français).

Casa Eladia Machado* (ex-Casa del Turista)

En face de la Casa de los Balcones, cet ancien couvent du XVIIe s. abrite aujourd'hui un magasin d'artisanat (textile, bijoux et souvenirs) ainsi qu'une galerie d'art dédiée au peintre

Casa de los Balcones

Mohamed Osman, connu pour ses paysages canariens emblématiques peuplés de dragonniers.

Calle San Francisco, 4 • ☎ 922 33 06 29 • www.casa-balcones.com • T.l.j. 9h-18h • Entrée libre.

Centro de Arte Efímero Alfombras de La Orotava✦

Également situé dans une splendide demeure, la **Casa Jiménez de Franchy** (1642), ce centre d'exposition présente des **collections de tapis** *(alfombras)* réalisés **en sable, fleurs et sel**, à l'occasion des fêtes traditionnelles du Corpus Christi (voir p. 84). Tous les ans, la plaza del Ayuntamiento se pare alors de mille couleurs.

5 Plaza de San Francisco✦✦

Sur cette place en triangle plantée d'un dragonnier se dresse un ancien **moulin à *gofio*** du XVIe s. – les fèves, base de cette préparation typiquement canarienne, étaient moulues à la pierre.

L'**hôpital de la Santísima Trinidad** s'élève en balcon sur la vallée. Il occupe un couvent dominicain dédié à saint Laurent et surnommé l'« Escurial des Canaries » au XVIe s. Le tourniquet permettant d'échanger des objets est toujours visible.

Ne se visite pas.

6 Calle Dr González García✦

Depuis la place San Francisco, la calle Dr González García grimpe dans les hauteurs de la ville. Elle est surnommée la « **rue des moulins** » : autrefois, les moulins de la ville fonctionnaient avec l'eau provenant du village d'Aguamansa, à quelque 1 000 m d'altitude au-dessus de la vallée de La Orotava. Aujourd'hui, ils tournent à l'électricité.

Dans l'un d'eux, le **Molino de Chano**, édifié aux XVIIe-XVIIIe s. près d'un ancien lavoir qui a été reconstitué, on continue de moudre l'orge, le maïs et le froment pour confectionner la poudre qui sert à préparer, après adjonction d'eau, le fameux *gofio*.

7 Calle del Colegio✦✦

Cette rue rassemble aussi plusieurs demeures d'intérêt. Avisez sur la gauche la façade harmonieuse garnie de balcons en bois de la **Casa Ponte Fonte** (ou Casa Lercaro, XVIIe s.), qui abrite un restaurant, le Gastro Lercaro (p. 87), et une expo-vente d'artisanat.

Juste avant l'entrée de la *casa*, une petite rue monte à gauche vers la minoterie **La Maquina** (p. 90). Au n° 6 de la rue, vous apercevrez le portail de style maniériste de la **Casa Monteverde**, du XVIIe s. également.

Le Corpus Christi de La Orotava

Célébrée tous les ans entre mai et juin (le 2e jeudi après la Pentecôte) dans plusieurs villes de Tenerife, cette fête religieuse, appelée aussi Fête-Dieu, est particulièrement suivie à La Orotava. Sa réputation lui vient des *alfombristas*, les tapissiers qui fabriquent d'impressionnants tapis éphémères, composés de fleurs et de sable coloré venu du Teide. Une tradition également visible à La Laguna ou encore Tacoronte.

8 Iglesia Nuestra Señora de la Concepción✦

Sa coupole et ses deux tours sont un peu l'emblème de la ville de La Oratava. C'est l'édifice baroque le plus important de l'archipel, qui apparaît d'ailleurs plus espagnol que canarien. Le vaste intérieur contient de nombreuses œuvres d'art, dont une *Dolorosa* de José Luján Pérez (1756-1815), un sculpteur canarien.

Calle Cólogan, 2 • Ouv. pendant les offices.

9 Museo de Artesanía Iberoamericana (MAIT)✦✦

Gigantesques squelettes peints, masques fantasmagoriques, céramiques, objets religieux

Pause villageoise : Bar Parada

Avec sa terrasse donnant sur la plaza de la Constitución, ce bar-bistrot est une excellente adresse, qui mêle convivialité, tapas appétissantes (mention spéciale à la salade d'anchois) et ambiance de village avec sortie de messe et bambins jouant au foot.

8 Calle San Agustín, 3 • ☎ 822 61 21 48 • T.l.j. 9h-minuit • Plats 8,50-16,50 €.

Museo de Artesanía Iberoamericana

et instruments de musique traditionnels sont à découvrir dans ce beau musée dédié à l'artisanat ibéro-américain importé aux Canaries. Installé dans l'ancien couvent Santo Domingo (XVIIe s.), il évoque, de manière très esthétique, l'influence de l'immigration latino sur la culture et l'artisanat canariens.

Calle Tomás Zerolo, 34 • ☏ 922 32 81 60 • www.artenerife.com • Lun.-ven. 10h-14h30, sam. 10h-13h30 • Entrée libre.

10 Telesforo Bravo✦

Centro de Visitantes del Teide

Situé en dehors du parc national du Teide, ce Centre des visiteurs abrite les bureaux administratifs du parc, mais aussi une exposition expliquant la topographie de l'île et son activité géologique. Un jardin ornemental de plantes endémiques est également à découvrir.

Calle Dr Sixto Perera Gonzalez, 25, quartier El Mayorazgo • ☏ 922 92 23 71 • Mar.-dim. 9h-14h et 15h30-18h • Entrée libre.

Dans les environs

11 Mirador de Humboldt✦✦✦

En quittant La Orotava par le nord, on atteint ce splendide belvédère qui offre une **vue sur toute la vallée et la ville de Puerto de la Cruz**, établie au bord de la mer. Il tient son nom du naturaliste et explorateur allemand Alexander von Humboldt qui, lors de son voyage à Tenerife en 1799, serait tombé à genoux en découvrant ici même la vue sur la vallée de La Orotava. Un sentiment encore largement partagé aujourd'hui…

À 3,5 km de La Orotava par la TF-21 • Carte p. 110.

Restos | Bars | Hôtels | Shopping | Activités

Restos Bistrots

Kiosco

Sur le pouce 26

Une halte typiquement canarienne, sur la place centrale de la vieille ville. Ce kiosque traditionnel sert sandwichs, *cervezas*, cafés et jus pressés toute la journée.

Plaza de la Constitución • T.l.j. 8h30-20h30 • Bocadillo 3-5€, verre 2-3€.

Cafetería Liceo de Taoro

Café avec terrasse 27

Situé dans le Liceo de Taoro (p. 81), cet établissement joue principalement la carte de la terrasse avec vue sur les jardins Victoria. On s'y arrêtera pour boire un jus d'orange pressé ou grignoter une tortilla sans prétention.

Calle San Agustín, 6 • ☏922 33 01 19 • T.l.j. 10h-22h • Tapas 4-10€.

Confitería y Café Taoro (Casa Egón)

Pâtisserie/salon de thé 28

La plus ancienne pâtisserie-confiserie de Tenerife – elle a été fondée en 1916 –, où vous pourrez également boire un café. La petite salle ouvre sur une superbe terrasse dans les jardins Victoria. Une belle halte !

Calle León, 5 • ☏922 33 00 87 • Mer.-dim. 10h-19h30 • Confiseries 2-3€, gâteaux 3-5€.

Le Liceo de Taoro, dans les jardins Victoria

La Duquesa

Bistrot tradi 29

Un bistrot aux airs de *saloon* sud-américain qui sert une délicieuse cuisine typiquement canarienne. Ragoût de lentilles, riz préparé, courgette farcie, la carte est variée et appétissante. Accueil charmant et prix imbattables !

Plaza Patricio García, 6-B • ☎ 922 33 49 49 • Lun.-ven. 7h-16h • Plats 7-9 €.

Habatonka Factoria Dulce

Pâtisserie/salon de thé 30

Installée dans une maison traditionnelle, cette jolie pâtisserie propose une farandole de gâteaux appétissants, ainsi qu'une petite sélection de sandwichs et de *bowls* sucrés. L'adresse idéale pour un petit déjeuner ou un goûter dans la fraîcheur du patio.

Calle Tomas Zerolo, 22 • ☎ 922 32 41 54 • www.habatonka.es • Lun.-sam. 9h-20h30 • Gâteaux et sandwichs 3-5 €.

Gastro Lercaro

Cuisine de la mer 31

Derrière une porte à vitraux chatoyants, on découvre un patio-jungle meublé d'élégantes tables destinées aux gourmets de passage. La grande salle à manger offre une deuxième option plus intimiste. L'adresse est connue pour ses spécialités de poisson – poulpe, thon et autre merlu –, bien souvent accompagnées de *mojos* variés.

Calle del Colegio, 5-7 • ☎ 625 83 51 00 • www.gastrolercaro.com • Jeu.-sam. 10h-22h, dim. 11h-17h • Plats 12-20 €.

Bar Los Castillos

Cantine conviviale 32

Avec sa devanture verte et sa déco rustique, ce bar très typique est un incontournable de La Orotava. On y vient pour déguster une série de tapas ou un plat de lapin en *salmorejo*, servis par le père ou le fils tandis que la mère s'affaire en cuisine. Une adresse familiale en tout point !

Calle Cológan, 10 • ☎ 678 44 78 54 • T.l.j. sf mer. 9h-17h • Plats 8-11 €.

Gastro Lercaro

La vallée de La Orotava

Dabeke

Gastronomie traditionnelle 33

De grands classiques de la cuisine espagnole réalisés avec soin, du jarret de porc à la bière *(codillo de cerdo)* au poulpe frit en passant par les *croquetas*. Mention spéciale pour la présentation très recherchée. Un resto légèrement excentré, pour un déjeuner ou un dîner dans un cadre rustique de pierre et de bois.

***Calle de la Candelaria, 9** (à 10 min à pied de la Casa de los Balcones)* • *922 33 27 26* • *Mar.-sam. 13h30-15h30 et 19h30-22h30* • *Plats 14-18 €.*

Cruz de Tea

Taverne 34

Un restaurant traditionnel, dans le pueblo d'Aguamansa, en direction du Teide. On y sert une cuisine authentique, dans une ambiance particulièrement chaleureuse. *Gofio*, chorizo flambé, merlu *a la plancha*, à déguster en terrasse, perché au-dessus de la vallée de La Orotava. Excellent rapport qualité-prix.

***Aguamansa**, à 9 km S. de La Orotava par la TF-21* • *922 33 15 43* • *T.l.j. sf jeu. 10h-18h* • *Plats 5-10 €.*

Algarrobo

Traditionnel 35

Lové dans les collines de La Orotava, ce restaurant basque est une adresse appréciée des locaux. Dans une salle conviviale au décor rustique, on hésite entre les riz préparés *(arroces)*, le filet de porc *(solomillo)* ou la spécialité du chef, le *cochinillo al horno*, un porc cuit au four pendant 2h.

***Carretera La Luz, Pedro Martín, 9**, à 5 km O. de La Orotava, via TF-324* • *922 33 23 05* • *www.restaurantealgarrobo.es* • *Lun.-ven. 12h-17h, sam.-dim. 12h30-17h* • *Cochinillo al horno 16,50 €.*

El Calderito de la Abuela

Classique revisité 36

Une sorte de conservatoire de la cuisine canarienne, avec des touches de modernité. Dans une salle moderne et chaleureuse, dont la baie vitrée ouvre sur la vallée de La Orotava, on goûte au fameux *gofio*, mais aussi au ragoût de lapin *(conejo)* ou aux joues de porc *(carrilleras de cochino negro)*. Le choix de vins est renversant !

Carretera Provincial del Norte, 130, à 6 km N. de La Orotava via la TF-217 • ☏ 922 30 19 18 • www.elcalderitodelaabuela.net • Mer.-dim. 13h-22h30 • Résa impérative • Plats 10-22 €.

Hôtels B&B

Pensión Silene Orotava

Bon marché

Une demeure du XIXe s. avec un patio central, transformée en pension familiale 2-étoiles. Certaines chambres disposent d'une terrasse avec vue sur la mer.

Calle Tomás Zerolo, 9 • ☏ 922 33 01 99 • Double 44-51 €, petit déj. inclus.

Hotel Rural Victoria

Charme

Ce très bel hôtel établi dans la Casa Rosal (XVIIe s.) est doté d'une douzaine de chambres élégantes, qui offrent des vues sur les toits de la ville. On apprécie son charme d'antan et son beau patio intérieur. Service soigné et à l'écoute.

Calle Hermano Apolinar, 8 • ☏ 922 33 16 83 • www.hotelruralvictoria.com • Double 57-77 €, petit déj. inclus.

Hotel Alhambra

Luxe

Proche du Museo de Artesanía Iberoamericana (MAIT, p. 84), cet hôtel est situé dans une luxueuse résidence du XVIIIe s. réaménagée dans un style arabisant, avec arcades blanches et mosaïques colorées. Une belle piscine extérieure et un sauna complètent l'offre.

Calle Nicandro González Borges, 19 • ☏ 922 32 04 34 • www.alhambra-orotava.com • Double 110-120 €, petit déj. inclus.

Shopping Cadeaux

Canarias Concept

Souvenirs 9

Si vous cherchez un petit souvenir de La Orotava, direction ce magasin qui réunit des objets fabriqués et/ou conçus aux Canaries, des T-shirts aux affiches illustrées en passant par la poterie et quelques produits d'épicerie fine, comme le miel ou le *mojo*.

Calle Carrera del Escultor Estévez, 23 • ☏ 922 32 36 16 • Lun.-ven. 10h-14h et 16h-19h, sam. 10h-14h.

Minoterie La Maquina

Molino de gofio La Maquina

Minoterie

10

Pour goûter au fameux *gofio*, rendez-vous dans cette minoterie qui prépare sur place barres céréalières et autres pains à base de farine de blé, de seigle ou de maïs.

Calle del Colegio, 3 • ☎922 33 07 03 • Lun.-ven. 9h-18h, sam. 8h-15h.

Activités Détente

Patea tus montes

Randos, kayak et escalade

Descendre dans les *barrancos* (gorges), escalader des falaises, pagayer vigoureusement dans les rivières… La découverte de Tenerife nécessite parfois une bonne connaissance du terrain. Avec les guides de Patea tus montes, vous bénéficierez de conseils techniques avisés.

☎608 641 675 • Mail : info@pateatusmontes.com • www.pateatusmontes.com

Travieso Aventura

Balades à cheval

Découvrir à cheval les sentiers de la Caldeira, une zone forestière au sud de La Orotava, est une expérience à ne pas manquer. Les guides de Travieso Aventura rendent la promenade accessible à tous et n'hésitent pas à partager leur connaissance du territoire.

Aguamansa, à 9 km S. de La Orotava par la TF-21 • ☎686 78 43 30 • Mail : traviesoaventura@gmail.com

LE TOP DES ACTIVITÉS EN FAMILLE

Expédition entre les arbres, déguisements délirants, plongée dans le cosmos, jeux d'eau, et même parcours archéologique... Tenerife a tout pour plaire aux jeunes visiteurs ! Voici une sélection de découvertes à faire en famille.

Casa del Carnaval

Dans ce temple dédié à la fête emblématique de l'île, on fonce vers la salle des déguisements pour rivaliser de strass et de paillettes avec les reines du Carnaval.

Voir Santa Cruz, visite 1 p. 27.

Museo de la Ciencia y el Cosmos

Un espace fantastique, entièrement dédié aux expériences ludiques, autour de la vie, du ciel et du corps humain. Pédagogique et fun.

Voir La Laguna, visite 2 p. 47.

Forestal Park

Des parcours de tyroliennes installée entre les arbres du Bosque de la Esperanza et conçus pour tous. Aventuriers en herbe, la canopée est à vous !

Voir Le Teide, visite 4 p. 73.

Pirámides de Güïmar

D'étranges pyramides, et un parcours intéressant autour de l'archéologie. Pour les petits curieux et les grands imaginatifs.

Voir Santa Cruz, visite 1, p. 30.

Parque Marítimo

Une enfilade de piscines bleutées, agrémentées de toboggans et autres jets d'eau. Pas besoin d'en dire plus pour convaincre nos têtes blondes !

Voir Santa Cruz, visite 1, p. 36.

Loro Parque

L'un des bijoux de Tenerife pour les *kids* ! Perroquets, pingouins, gorilles ou tigres, dans ce zoo immense les enfants iront de surprise en émerveillement.

Voir Puerto de la Cruz, visite 6 p. 100.

Loro Parque

LE *BEST OF* DES JARDINS DE TENERIFE

Jungles ordonnées, forêts exotiques ou recoins secrets, Tenerife inspirera les botanistes et les amateurs de jardins. Les influences européennes mais aussi sud-américaines et caribéennes qui traversent l'île se ressentent dans les allées et chemins de ces écrins de verdure, qui réservent de véritables parenthèses de fraîcheur, propices à la promenade et à la rêverie.

Jardines Victoria

Tout en lignes et en perspectives, ces jardins établis en terrasses témoignent du faste et de la puissance du marquis de la Quinta Roja, ancien propriétaire des lieux. Cerise sur le gâteau, ils réservent une vue étendue sur les toits de La Orotava et sur la mer.

Voir La Orotava, visite 5 p. 80.

Parque García Sanabria

Poumon vert de Santa Cruz, ce parc mêle arbres tropicaux et sculptures contemporaines. Entre ombre et lumière, ses chemins ocre forment une balade agréable, qui évoque la végétation luxuriante des zones naturelles de l'île.

Voir Santa Cruz, visite 1 p. 24.

Jardín de Orquídeas

Charmant cocon romantique, ce jardin privé fut longtemps la propriété de familles de notables de Puerto de la Cruz, qui recevaient ici leurs illustres invités. Aujourd'hui encore,

Parc García Sanabria à Santa Cruz

Jardin botanique de La Orotava

une atmosphère mystérieuse envoûte les visiteurs qui viennent déambuler dans ses allées.

Voir Puerto de la Cruz, visite 6 p. 99.

Jardín Botánico (La Orotava)

Les racines tortueuses des dragonniers enjambent les allées terreuses, tandis que les palmiers dessinent leur ombre sur le sol. Conçu à l'origine comme une annexe du Jardin botanique de Puerto de la Cruz, ce jardin est aujourd'hui devenu un petit bijou, au charme qui lui est propre.

Voir La Orotava, visite 5 p. 81.

Jardín Botánico (Puerto de la Cruz)

Véritable encyclopédie botanique vivante, cette belle enclave de verdure lovée au cœur de la vibrante Puerto de la Cruz conserve d'innombrables espèces tropicales, du ficus géant aux caféiers, en passant par les célèbres pins des Canaries.

Voir Puerto de la Cruz, visite 6 p. 99.

Parque del Drago

Construit à Icod de los Vinos autour de l'arbre le plus célèbre de l'île, le Drago Millenario – le plus vieux dragonnier de Tenerife –, ce beau parc offre une promenade vallonnée qui multiplie les points de vue sur le Teide et les vallées alentour.

Voir Icod de Los Vinos, visite 7 p. 111.

Jardin botanique de Puerto de la Cruz

PUERTO DE LA CRUZ 6

Avec son centre historique préservé, son charmant quartier de pêcheurs et ses multiples animations, Puerto de la Cruz est la station balnéaire la plus intéressante de Tenerife. L'ancien port de La Orotava devient dès la fin du XIXe s. un lieu de villégiature prisé de la bourgeoisie anglaise. L'essor touristique culmine dans les années 1970, avec la création du lido San Telmo. À la fois festive et culturelle, la ville attire des visiteurs pour qui la baignade et le bronzage ne constituent pas l'essentiel, et notamment beaucoup d'Espagnols.

L'église Nuestra Señora de la Peña, sur la plaza de la Iglesia

Le Muelle et La Ranilla

Du *muelle* (quai), en cours de réhabilitation, aux ruelles de La Ranilla, l'ancien quartier des pêcheurs, ce secteur évoque le visage maritime et populaire de la ville. Plages urbaines et ruelles ponctuées de maisons colorées et de fresques murales (voir p. 106-107) reflètent l'âme de Puerto.

1 Casa de la Aduana✦✦

L'ancienne **maison des Douanes** (1620) témoigne de la prospérité de la ville au XVIIe s., par laquelle transitait toute la production agricole de la vallée de La Orotava. Elle abrite l'office de tourisme et le **MACEW**, un petit musée d'art contemporain (peinture et sculpture de la période 1930-1960). Ne ratez pas la salle consacrée aux artistes canariens des années 1950-1960, avec notamment une œuvre de César Manrique.

*Calle Las Lonjas • ✆922 38 14 90 • **Office de tourisme :** t.l.j. 9h-20h • **Musée MACEW :***

lun.-sam. 10h-14h; entrée 2 € • Boutique de produits locaux au r.-d.-c. (voir p. 103).

2 Explanada del Muelle✦

L'ancien petit port de pêche, transformé en plage de galets noirs (**Playa del Muelle**), marque le début de l'Explanada del Muelle, en cours de réhabilitation, qui longe l'océan et se transforme progressivement en *paseo*. Un vaste parking gratuit occupe une partie du terrain, face à la mer, et une petite portion ombragée suit l'arrière du quartier de La Ranilla jusqu'au Parque Marítimo, un centre sportif en construction.

3 Castillo de San Felipe et Playa Jardín✦✦

Le très bruyant paseo Luigi Lavazzi rejoint le château San Felipe (début XVIIe s.), qui offre un point de vue agréable sur la **Playa Jardín**. Protégée par une digue, cette plage urbaine de sable noir est prisée des habitants. Il faut dire que la vue sur le Teide, encadrée de cocotiers, ne manque pas de charme.

Une voie piétonne et cyclable, le **Paseo Marítimo**, continue au-delà de la Playa Jardín vers les autres plages de Puerto.

4 La Ranilla✦✦

Le quartier de La Ranilla (« la petite grenouille »), l'ancien quartier de pêcheurs, possède un charme qui plaira aux amateurs de ruelles colorées et de placettes secrètes. C'est dans ces petites bâtisses, alignées dans les **rues Lomo, San Felipe et Mequinez**, que les pêcheurs de Puerto s'établirent dès le XVIIe s.

Aujourd'hui, certaines des maisons traditionnelles sont occupées par des restaurants ou des boutiques. D'impressionnantes **fresques contemporaines** (voir p. 106-107) viennent animer les murs pignons. L'endroit idéal pour déjeuner ou boire un café en terrasse.

Pause retour de pêche : La Pescaderia Street

Chipirones et couteaux à la plancha, *pulpo frito*, *parilladas de pescado* sont préparés dans une cuisine ouverte, aménagée au cœur de la poissonnerie. Les assiettes sont ultra-fraîches, le service agréable et rapide. Une adresse incontournable pour les amateurs de poisson. Deux autres Pescaderia existent en ville.

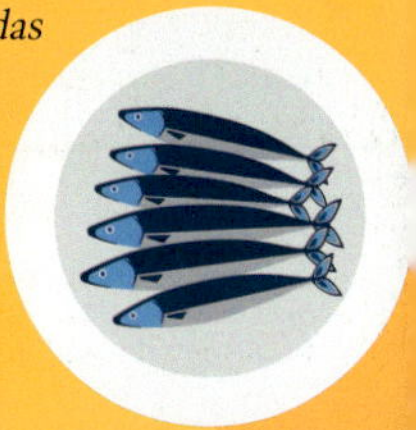

37 ***Calle Mequinez, 7A • ☎ 680 92 91 70 • T.l.j. 12h-23h • Tapas 5-12 €, plateau de grillades pour 2 pers. 34 €.***

5 Calle de la Verdad✦

N'hésitez pas à faire un petit crochet par cette ruelle piétonne charmante, aux allures de jungle secrète, coincée entre la calle de San Felipe et la calle del Doctor Ingram. Une enfilade de petites terrasses de restos s'y cache, entre pots de fleurs et parasols. Un véritable petit coup de cœur !

Le centre historique

Établi en arc de cercle à l'est de la plaza del Charco, le *casco historico* rappelle l'importance de Puerto de la Cruz aux XVIIIe et XIXe s. Il a été déclaré Patrimoine historique et artistique de l'île en 1985. Son animation, jusque tard dans la nuit, invite à la flânerie et à la fête.

6 Plaza del Charco✦

Avec ses petits kiosques, ses terrasses de cafés et ses jeux pour enfants, cette esplanade bien ombragée est idéale pour prendre un verre sous les lauriers indiens et les palmiers. Une fontaine et des stands ambulants viennent compléter l'animation de ce carrefour populaire, qui ne désemplit pas au cours de la journée. Tout autour de la place, des **édifices balnéaires** des années 1970 se mêlent aux maisons basses traditionnelles.

7 Autour de la calle Santo Domingo✦

La calle Santo Domingo est l'une des rues les plus vivantes du vieux Puerto de la Cruz. Avec la **calle Quintana** (ci-après), elle forme le cœur commerçant de Puerto de la Cruz.

Le quartier de La Ranilla

Au nord de la rue, la plaza de Europa, avec ses murailles anciennes, offre une belle vue sur le port à l'ouest et le lido San Telmo à l'est.

Calle Quintana✦✦

Les **splendides maisons canariennes** de cette voie parallèle à la calle Santo Domingo méritent à elles seules une promenade. Certaines abritent désormais des hôtels (comme le Marquesa, p. 103), d'autres des restaurants.

Au bout de la calle Quintana, sur la plaza de la Iglesia, l'**église Nuestra Señora de la Peña** (XVIIe s.) est joliment mise en valeur par les palmiers et les parterres fleuris qui ornent son petit parvis. À l'intérieur, vous verrez un retable et des sculptures de style baroque.

Horaires d'ouverture aléatoires • Entrée libre.

8 Paseo de San Telmo✦

Ce *paseo* très touristique étire ses boutiques de produits détaxés et ses restaurants le long de la mer. Il mène néanmoins à la charmante **Ermita de San Telmo** (1626), chapelle blanche dédiée au saint patron des pêcheurs.

9 Lago Martiánez✦✦

Dans les années 1970, Puerto de la Cruz se dote d'un nouveau front de mer, le **Lido de San Telmo**, imaginé par l'architecte **César Manrique**, peintre et architecte originaire de Lanzarote.

En rendant la baignade possible dans une zone jusqu'alors dangereuse, les **sept piscines d'eau de mer du Lago Martiánez**, creusées dans la roche, ont transformé la ville en station balnéaire. Aujourd'hui encore, leurs courbes séduisent par leur exotisme désormais plutôt rétro.

La promenade, plantée d'arbres et de pelouses, longe les sept piscines. Au centre du lac s'élève un îlot de lave où s'est établi un restaurant.

Avenida de Cristóbal Colón, s/n • ☎ 922 38 59 55 • lagomartianez.es • T.l.j. 10h-20h, 17h en hiver • Adulte 5,50 €, enfant 2,50 €.

10 Playa Martiánez*

La promenade sur l'avenida de Cristobal Colón peut se poursuivre jusqu'à la Playa Martiánez et son sable noir. À l'est de la plage, remarquez le **tunnel** creusé dans la roche, qui permet aux voitures de quitter la ville ; il a également été conçu par **César Manrique**.

Lago Martiánez

Sur les hauteurs

Si la vieille ville de Puerto de la Cruz s'étend le long de la mer, la ville moderne, elle, se situe sur les hauteurs, où se trouvent deux jardins remarquables.

11 Jardín de Orquídeas**

Une atmosphère romantique plane au-dessus de ce « **jardin des Orchidées** », plus ancien jardin de Tenerife, vieux de plus de deux siècles. On y accède par un joli chemin accroché aux collines de Puerto.

Depuis sa création, le jardin a appartenu à différentes familles britanniques qui ont toujours préservé ses bassins, ses allées plantées d'arbres exotiques, son dragonnier ancestral, ses variétés d'orchidées et ses innombrables recoins qui incitent à la rêverie. Le lieu a reçu des visiteurs illustres, comme Agatha Christie ou le scientifique Alexander von Humboldt. La maison au fond du jardin ne se visite pas.

Camino Sitio Libre, en contrebas de la station-service Cepsa • ☎ 922 38 24 17 • jardindeorquideas.com • Mar.-dim. 9h30-14h30 • Entrée : 4,75 €.

12 Jardín Botánico***

Les tropiques au cœur de Tenerife ! Des centaines d'arbres et de plantes s'entrelacent dans ce jardin créé en 1788 sous la houlette de Charles III d'Espagne,

Le jardin des Orchidées

dans le but de cultiver des espèces provenant du Nouveau Monde, mais aussi d'Asie et d'Afrique. Des ficus géants (à l'entrée), des caféiers, des poivriers, des tulipiers, des pins des Canaries, un bassin de nénuphars et un fantastique **figuier de la baie de Moreton** *(Ficus macrophylla)*, avec ses extraordinaires racines aériennes, forment une jungle organisée, qualifiée de surréaliste par le poète André Breton, frappé par la beauté de l'île lors de son voyage en 1935.

Calle Retama, 2 (suivre la carretera del Botánico); carte p. 110 • ☎ 922 92 29 78 • T.l.j. 9h-18h • Entrée : 3€.

Aux environs

13 Loro Parque⁺⁺

Cet immense zoo est placé sous le signe des **perroquets**, avec 300 espèces différentes de perroquets, d'aras ou de cacatoès, mais il abrite aussi beaucoup d'autres animaux : lions, tigres, gorilles, orques, dauphins, et surtout l'un des plus grands **penguinarium** du monde. Ne manquez pas l'**aquarium**, où les requins vous passent au-dessus de la tête : frissons garantis! Les découvertes sont multiples et variées, en particulier grâce aux présentations d'animaux menées par les soigneurs. Ce parc ombragé au cadre exotique mérite que l'on y passe une bonne partie de la journée.

Avenida Loro Parque, à 3km S.-O. du centre de Puerto de la Cruz; carte p. 110 • ☎ 922 37 38 41 • www.loroparque.com • T.l.j. 9h30-17h30, dernière entrée à 16h • Accès gratuit en minitrain, départ plaza de los Reyes Católicos 9h30-16h30 • Attention, les attractions débutent à partir de 10h, mais il est conseillé d'arriver tôt pour éviter les files d'attente • Entrée : adulte 40€, enfant 28€.

Restos Bistrots

La Cofradía de Pescadores

Poissons et crustacés 38

Une excellente adresse, installée dans une *casona* traditionnelle, qui permet de déguster du poisson frais en grillade, en friture, en salade… Aucun doute, la *cofradia*, confrérie de pêcheurs, maîtrise son sujet, et sa belle terrasse au-dessus de l'eau ajoute un charme non négligeable à l'ensemble.

Calle Las Lonjas, 5 (à l'étage) • ☎ 922 38 34 09 • www.lacofradiadepescadores.es • T.l.j. 13h-23h • Plats 14-18 €.

La Carta (p. 102)

El Limón

Cantine élégante 39

Bocadillos, smoothies maison, burgers, salades… El Limón cultive des allures de salon de thé et une carte internationale fraîche et végétarienne. On déjeune en terrasse, dans la petite rue calme, ou bien à l'intérieur, dans une belle salle bleutée aux hauts plafonds, dotée d'une mezzanine.

Calle Esquivel, 4 • ☎ 922 38 16 19 • T.l.j. sf mer. 12h-22h • Plats 5-10 €, menu du jour 11 €.

Régulo

Cuisine canarienne 40

Un restaurant canarien très classique, qui mise sur son patio traditionnel datant du XVIIIe s. et son service attentionné. Les plats, copieux, sont axés sur les spécialités locales : différents riz *(arroces)*, beaucoup de poissons grillés et les inévitables *mojos*.

Calle Pérez Zamora, 16 • ☎ 922 38 45 06 • Mar.-sam. 12h30-15h et 18h-22h30 • Poissons 16-20 €, arroces 18 €, tapas 6-10 €.

Casa Pache

Comme à la maison 41

Une petite maison verte lovée au cœur de la calle Verdad, qui sert une cuisine canarienne typique à prix tous doux. Une ambiance familiale, loin des adresses touristiques de la ville.

On apprécie particulièrement la petite terrasse au frais.

Calle de la Verdad, 6 • ☏ 922 37 25 24 • Lun., jeu.-dim. 12h30-16h et 18h-22h • Plats 8-10 €.

Zumaque

Cuisine de haut vol 42

Si l'ambiance est plutôt froide, les assiettes concentrent toutes les attentions. Dans sa cuisine ouverte sur la salle, le chef signe une cuisine fusion, aux saveurs délicates et surprenantes. Ceviche au lait de coco, *salmorejo* à la mozzarella, carpaccio de bœuf, les inspirations culinaires sont variées.

Calle Puerto Viejo, 18 • ☏ 922 38 22 01 • Lun., jeu.-sam. 13h-16h et 18h30-22h, dim. 10h-15h30 • Plats 16-25 €.

La Carta

Rooftop tradi 43

On adore sa terrasse aux allures de guinguette, établie sur le toit d'une maison traditionnelle de La Ranilla. Au menu, une cuisine canarienne classique : ragoût de poisson, gigot d'agneau, fruits de mer grillés...

Calle San Felipe, 53 • ☏ 670 85 59 40 • Ven.-lun. 18h30-23h • Plats 17-21 € • Réservation conseillée.

Ceviche de chez Zumaque

Mesón El Monasterio

Familial 44

Et si vous déjeuniez dans un ancien couvent du XVIIe s. ? Situé à l'extérieur de Puerto, ce complexe de trois restaurants propose différents types de cuisine – espagnole classique, grillades ou fondue –, à déguster dans un cadre splendide. L'endroit est très adapté aux familles, avec son joli jardin et ses animaux de basse-cour en liberté !

*La Montañeta, 12, **Los Realejos** (5 km S. de Puerto de la Cruz, dir. Los Realejos) • ☏ 922 34 07 07 • Restaurant principal : mer.-sam. 9h-minuit, dim. 9h-20h (cuisine jusqu'à 17h) • Tapas 2-10 €, plats 12-25 €.*

Bars, clubs Sorties

Agora Bar & Café

Cosmopolite 9

Pour sentir le cœur battant de La Ranilla, rien ne vaut ce joli bar-café qui accueille toute la journée habitués et touristes en goguette. Bière et tapas, *cafe con hielo*, smoothie ou cheesecake, peu importe l'heure de la journée, tout y est !

Ebano Café

Située sur une place animée où des musiciens viennent régulièrement jouer, la terrasse colorée s'étend près d'une fontaine charmante.

Plazeta de Benito Perez Galdos, 6 • T.l.j. 9h-minuit • Gâteau 3 €, tapas 2-6 €.

Ebano Café

Cocktails Art déco 10

Un magnifique café, à la déco années 1930, qui sert tout au long de la journée de délicieux gâteaux et glaces, avant de proposer, le soir venu, quelques tapas et de bons cocktails. Confortablement installé dans les fauteuils en rotin, on profite de la terrasse en se laissant bercer par l'animation de Puerto.

Calle La Hoya, 2 • ☏922 38 86 32 • T.l.j. 9h30-minuit • Gâteaux 3-5 €, cocktails 5 €.

Hôtels B&B

Hotel Marquesa

Charme

Un bel hôtel 3-étoiles situé sur la calle Quintana, dans une demeure traditionnelle du XVIIIe s. On apprécie les chambres avec vue sur mer, ainsi que la piscine extérieure sur le toit. Un restaurant permet de dîner sur place.

Calle Quintana • ☏922 38 31 51 • www.hotelmarquesa.com • Double 80-100 €, petit déj. inclus.

Sol Costa Atlantis

Luxe

Un 4-étoiles luxueux ultramoderne, avec tous les services, notamment une piscine, un spa et un restaurant, et des chambres avec vue sur mer, à deux pas du Lago Martiánez. Pour un séjour imprenable sur le Lido San Telmo.

Avenida Venezuela, 15, Lido San Telmo • ☏922 37 45 45 • www.melia.com • Double 122-160 €, petit déj. inclus.

Shopping Cadeaux

Artetenerife

Artisanat/souvenirs 11

Située au rez-de-chaussée de la Casa de la Aduana (p. 94),

cette jolie boutique propose un grand choix de produits locaux artisanaux : différents *mojos*, du sel de charbon, un sympathique rayon textile, du vin canarien et une sélection d'illustrations locales. Expositions ponctuelles.

Calle Las Lonjas • ☏922 38 14 90 • www.artenerife.com • T.l.j. 9h-20h • Pack de 3 mojos 5€.

Productos de la Tierra

Souvenirs 12

Sur les étagères de cette boutique du quartier de La Ranilla, les visiteurs en quête de petits cadeaux trouveront bijoux, T-shirts imprimés, foulards en soie, huiles essentielles et de nombreux produits gourmands, typiques de Tenerife.

Calle Mequinez, 15 • ☏922 38 03 73 • Lun.-ven. 10h-17h, sam.-dim. 10h-19h.

Activités Détente

La Rosaleda

Golf

Pour taper quelques balles au milieu des bananeraies.

Camino Carrasco, 11 • ☏922 37 30 00 • www.golflarosaleda.es • Parcours 18 trous 20€, 9 trous 16€.

Atlantik

Plongée sous-marine

Pour découvrir les fonds marins de Puerto de la Cruz, rendez-vous dans ce centre certifié PADI. On plonge au départ de différentes plages ou en pleine mer, du bateau !

Hotel Maritim, camino El Burgado, 1 • ☏922 36 28 01 • www.scubacanarias.com • Plongée en mer à partir de 90€.

Gaiatours

Randonnée

Des guides de randonnée pour partir à l'assaut du Teide ou du parc d'Anaga en toute sérénité et sans avoir à penser à la logistique.

Calle San Agustin, 72b, Los Realejos (à 6 km de Puerto) • ☏922 35 52 72 • www.gaiatours.es • Collecte en bus possible au départ de plusieurs points sur l'île • Randonnée à partir de 45€ pour 3 h.

Ride Base

Cyclisme

Les alentours de Puerto de la Cruz et du Teide sont propices à tous types de sport, notamment le VTT et le vélo de route. Ride Base propose des tours guidés et de la location de matériel.

Avenida Francisco Afonso Carrillo, Bahia Playa II • ☏ 822 61 04 87 • www.ridebasetenerife.com • Location vélo de route à partir de 25€, VTT à partir de 35€.

LA RAMBLA DE CASTRO

Une belle promenade côtière dans la zone naturelle protégée de la Rambla de Castro, à la sortie de Puerto de la Cruz. Descente aux doux airs de jungle côtière et vue imprenable sur l'océan agité: cette rambla réserve quelques à-pics impressionnants et un final étrangement beau et solitaire.

INFORMATIONS PRATIQUES

- **Départ/Arrivée :** du parking du mirador de San Pedro (restaurant)
- **Distance :** 3,6 km A/R (retour par le même chemin)
- **Dénivelé :** 189 m
- **Niveau :** facile
- **Durée :** 1h20

Vers « la Casona »

Le sentier, formé de roches noires, s'enfonce dans une végétation luxuriante pour atteindre le paisible site de **Madre del Agua**, un petit balcon aménagé entre les palmiers. En suivant le chemin sur la gauche, on rencontre la Casona, ancienne résidence de la famille Castro, à laquelle la Couronne accorda ces terres après la conquête de l'île.

Vers El Burgado

Le chemin se rapproche ensuite de la côte. En contrebas, l'océan gronde, les vagues s'écrasent sur les rochers. La présence d'**El Fortin**, petit fort construit pour protéger la zone des pirates, évoque un passé turbulent. Les vues deviennent plus abruptes. Des escaliers de pierre tracent le chemin, remplacés bientôt par une rambarde, le long de falaises austères. Continuez jusqu'à un petit pont de bois, qui enjambe le ***barranco***, une gorge rocailleuse plantée de cactus.

Mirador de la Gordejuela

On suit ensuite l'arrière d'une *finca* (domaine agricole) sur une courte portion peu agréable, avant de retrouver un sentier bétonné qui ouvre à nouveau sur la mer. Plus de végétation, à l'exception de quelques figuiers. La route devient aride, la mer toujours plus bleue.

Un peu plus bas, le sentier rejoint le **mirador de la Gordejuela**, un pont de bois impressionnant, qui enjambe le *barranco*. De là, on aperçoit un étrange bâtiment en ruine, comme suspendu au-dessus de la mer. Cet ancien **ascenseur à eau** construit en 1903 permettait de pomper l'eau de la source Gordejuela pour irriguer les plantations de la vallée.

Vue sur Madre del Agua depuis le mirador de San Pedro

STREET ART À PUERTO DE LA CRUZ

Les nombreuses fresques peintes sur les murs et les pignons de maisons de La Ranilla évoquent l'âme de ce quartier, son passé de pêcheurs comme ses racines ouvrières. Impulsé par la municipalité et le collectif d'artistes de rue canariens Sabotaje y Montaje, ce projet lancé en 2014 ne cesse d'évoluer et d'accueillir de nouvelles œuvres. Partez, le nez en l'air, en découvrir quelques-unes.

Sur le parcours, panneaux explicatifs sur le projet Puerto Street Art (QR code)

Racines humaines

Près du front de mer, au n° 2 de la charmante calle Mequinez s'étend ***La frontera del paraíso*** de **Victor Ash** (Danemark) : un « grillage humain » qui barre le passage vers le Paradis à une partie de l'humanité. En face, au n° 4, vous verrez d'enfantins Playmobil® et des flamants roses tout droit sortis de l'imagination du graffeur tenerifien **Ro.Ro**.

À l'angle avec la calle Teobaldo Power, ***Rebellion der Träumer*** *(Rebellion du rêveur)*, de **Sebas Velasco**, survole du regard une ville anonyme. Dépassez la jolie plaza Pérez Galdós pour rejoindre les **pêcheurs** du n° 41, puis poursuivez jusqu'au n° 66 pour saluer la mystérieuse femme aux cheveux noirs d'**El Niño de las Pinturas**, dans son œuvre intitulée ***La fuerza está en las raíces*** (« La force est dans les racines »).

Revenez sur vos pas, tournez à droite dans la calle La Peñita puis à gauche dans la calle El Lomo. Au n° 28, ***Los Magos*** – un couple et son enfant imaginés par le Français **3TTMAN** – occupent une façade. Cette œuvre haute en couleur

La frontera del paraíso (détail)

Portrait de Chucho Dorta

Rebellion der Traümer

rend hommage aux habitants des régions reculées de Tenerife. À quelques mètres de là, au n° 7, des **insectes noirs** rampent sur le mur du Museo Arqueológico, œuvre de l'artiste **Roa**.

Entre terre et mer

Revenez à nouveau sur vos pas pour emprunter la calle Teobaldo Power, où vous apercevrez sur votre droite, au n° 8, le **bateau fantastique** équipé de rames en plumes réalisé par l'artiste de Lanzarote **fEOFL!P**.

En remontant la rue vers la gauche, vous découvrirez la contribution du **collectif Sabotaje al Montaje** : au n° 16, il a représenté **Chucho Dorta**, fervent défenseur des traditions canariennes, dont celle du bain donné aux chèvres dans le port de Puerto de la Cruz.

Au n° 28, l'artiste canarien **Kob** a façonné ses entrelacs de formes organiques.

Tournez à gauche, calle Puerto Viejo, pour faire face au poétique **marin de Belin jouant avec un navire en papier tatoué**. Avant de prendre de nouveau à gauche dans la calle Pérez Zamora, jetez un coup d'œil, sur la droite, aux deux **canaris posés sur une gigantesque main**, de l'Argentin **Martin Ron**.

Redescendez ensuite jusqu'à la calle El Lomo, tournez à gauche puis à droite dans la calle Cruz Verde. Au n° 4, un **oiseau-amphore**, de l'Espagnol **Liqen**, s'envole à tire-d'aile, agitant ses plumes verdoyantes.

Quelques mètres plus loin, vous voici revenu calle Mequinez.

LA CÔTE AUTOUR DE PUERTO DE LA CRUZ

7

Cette région est un condensé de Tenerife! Quelques villages perchés, un littoral ponctué de plages couleur cendre et de piscines naturelles, et une belle sélection d'adresses typiques. La côte nord-ouest de l'île, marquée par le volcanisme, réserve une promenade hors des sentiers battus, réjouissante et authentiquement canarienne. Goûtez les vins de Tacoronte, arpentez le port historique de Garachico et recueillez-vous devant l'emblématique dragonnier d'Icod de los Vinos.

La côte nord-ouest

Au nord de Puerto

1 El Sauzal✦

À 19 km N.-E. de Puerto de la Cruz

Ce charmant village est doté d'une église typique (San Pedro), à la façade décorée de pierres volcaniques. Le parvis offre une vue dégagée sur les environs. On ne manquera pas le **Parque Mirador de La Garañona**, un beau jardin suspendu face à l'immensité bleue de l'océan.

***Parque Mirador de La Garoñona :** Ronda Sauzalito • T.l.j. 8h-21h • Entrée libre.*

Casa del Vino de Tenerife✦

Installée dans une grande *casona* rose du XVIIe s., cette **cave-restaurant** fait la part belle aux produits canariens, gourmands et viticoles. Une belle terrasse avec vue sur les vignes accueille les amateurs de dégustation. C'est aussi un excellent lieu de shopping si vous souhaitez rapporter des vins canariens. La maison et ses

El Sauzal

dépendances abritent trois petits musées : l'un consacré au vin, l'autre à la diversité agricole à Tenerife, le troisième au miel.

Calle San Simon, 49 (à l'entrée d'El Sauzal, prendre le rond-point à g.) • ☎922 57 25 35 • www.casadelvinotenerife.com • Mar.-sam. 10h-20h, dim. et j. fériés 10h-18h • Entrée gratuite • Tasca (bar) : mêmes horaires • Restaurant : mar.-sam. 10h30-23h, dim. 10h30-18h30 • Verre de vin : 2,40-4 €.

2 Tacoronte⁺⁺

À 21,5 km N.-E. de Puerto de la Cruz • ***Office de tourisme :*** *carretera Tacoronte-Tejina, 2 • ☎922 57 00 15 • Lun.-ven. 9h-13h.*

Une bien belle surprise que cette jolie localité, patrie d'un vin rouge renommé, et dont le centre-ville préservé s'étire d'est en ouest entre deux agréables places. L'atmosphère très locale de ses rues, hors des sentiers touristiques classiques, la rend très attachante.

Plaza del Cristo⁺

La silhouette baroque de l'**église Santisimo Cristo** se dessine à l'est de la place. À l'intérieur, le splendide **plafond de bois** sculpté et l'autel richement décoré sont à voir. Accolé à l'église, l'ancien **couvent San Agustín** abrite aujourd'hui la Casa de la Cultura, un centre culturel qui accueille des événements réguliers dans le magnifique cloître rénové.

Ne manquez pas les rues autour de la plaza del Cristo, ponctuées de maisons typiques au charme préservé, comme la **calle Sebastian Machado**, la **calle Teobaldo Power** ou le poétique **callejon Jose Izquierdo**, minuscule jungle urbaine où chantent les oiseaux.

Parque Hamilton⁺

Ce grand jardin doté d'une aire de jeux commence derrière l'église et glisse vers le nord de la ville. Planté d'une végétation typiquement canarienne (palmiers, fleurs tropicales et autres plants de vignes), c'est un havre de paix et un excellent spot de pique-nique.

Entrée callejon José Izquierdo ou calle Calvario (parking) • T.l.j. 10h-19h (été 20h30).

En bas du parc, la calle Calvario conduit à la **Alhóndiga**, ancienne halle au blé (XVIIe s.) utilisée lors de manifestations autour du vin, et au bâtiment blanc du **calvaire**.

Plaza Santa Catalina*

À l'ouest de la ville, sur la place plantée de grands marronniers, la jolie **église Santa Catalina** est typiquement canarienne avec son clocher et son balcon en bois. On y découvre aussi la **Casona**, une belle demeure du XVIIIe s. qui héberge l'hôtel de ville.

3 Museo de Antropología de Tenerife* à Valle de Guerra

Plongez au cœur du XIXe s. canarien dans la **Casa de Carta**, magnifique demeure traditionnelle dont on arpente les planchers en bois massif pour découvrir les habits d'époque et les instruments de musique. Le musée s'attache à promouvoir la culture populaire insulaire et organise d'intéressantes expos temporaires. Mention spéciale pour les **deux jardins** – potager et botanique – qui entourent la villa.

*Camino Vino, 44, **Valle de Guerra**, à 6 km N. de Tacoronte par la TF-16 • ✆ 922 54 63 08 • www.museosdetenerife.org • T.l.j. 10h-17h, fermé 6 janv., 25 et 31 déc. • Entrée : 5€, gratuit ven.-sam. à partir de 14h.*

À l'ouest de Puerto

4 Charco de la Laja**

Sur la route d'Icod, faites un crochet par le **belvédère** du Charco de la Laja et par l'impressionnante **piscine naturelle** du même nom, en contrebas, accessible par un chemin en escalier. Pierre noire et eau bleue mouvante forment des tourbillons d'écume autour des roches. Le spectacle est saisissant !

***Calle Mirador del Charco, San Juan de la Rambla,** à 14 km O. de Puerto de la Cruz par la TF-5 (fléché).*

5 Icod de los Vinos✦

À 22 km O. de Puerto de la Cruz • Parking souterrain payant près de la billetterie du Parque del Drago (suivre les indications « Drago Milenario »).

Assez touristique, cette belle cité juchée sur les hauteurs d'une région fertile est célèbre pour ses vins et son **dragonnier** *(« el Drago Milenario »)*. Dans le centre, la **plaza de la Constitucíon** et la rue principale (calle Arcipreste Osuna) réunissent tous les points d'intérêt de la ville : le Parque del Drago, l'église, mais aussi plusieurs demeures anciennes, comme la **Casa Cáceres** (1802-1812), dotée d'une cour intérieure en bois typiquement canarienne, et qui abrite l'**office de tourisme** *(lun.-ven. 10h30-13h30)*.

Parque del Drago✦✦

Selon la légende, le plus vieux dragonnier de Tenerife aurait 2 500 ans (environ 900, en réalité). Avec ses 20 m de hauteur, ses 10 m de diamètre et sa sève rouge sang (le fameux sang du dragon), cet arbre mythique vaut bien que l'on s'en approche pour observer ses **racines labyrinthiques**.

Le parc construit autour de l'arbre est plutôt agréable et offre une végétation typiquement canarienne ainsi qu'un **mirador** qui ouvre sur

Le célèbre dragonnier d'Icod de los Vinos

la côte et le village. Toutefois, si vous ne souhaitez pas visiter le parc, sachez qu'on aperçoit très bien le dragonnier depuis l'esplanade de l'église San Marcos.

***Parque del Drago :** plaza de la Constitución, 1 • ☏922 81 45 10 • T.l.j. avr.-sept. 10h-21h, oct.-mars 8h-19h • Entrée : 5 €.*

Iglesia de San Marcos*

La légende dit que saint Marc serait apparu sur la plage du même nom, à quelques kilomètres d'Icod. L'église construite en son honneur au XVIe s. possède encore un portail Renaissance ainsi qu'un retable majeur de style baroque, dominé par un plafond en pin sculpté.

Le petit **musée d'art sacré** qui la jouxte abrite une impressionnante croix processionnelle de 47 kg en argent filigrané, arrivée ici de La Havane au XVIIe s.

Plaza de la Constitución • T.l.j. 9h-13h30 et 16h-18h30 • Entrée musée : 2 €.

Mariposario del Drago*

Plus de **800 espèces de papillons** du monde entier sont présentées dans ce parc, dont l'objectif est la préservation de ces insectes et de leur biotope naturel.

La visite permet de découvrir le cycle de vie d'un papillon, du cocon aux envols colorés, tout en déambulant au cœur d'une végétation luxuriante.

Avenida de Canarias • ☏922 81 51 67 • www.mariposario.com • T.l.j. 10h-19h (18h en hiver) • Entrée : 8,50 €.

Casa del Plátano*

Un lieu splendide et charmant, à l'atmosphère très rétro. Au-delà de la simple exploitation agricole, cette **bananeraie** se veut aussi un musée dédié au fruit emblématique de l'île. Installée dans une hacienda typique, la Casa del Plátano offre une plongée authentique dans l'industrie de la banane tenerifienne, entre voitures de collection, fleurs tropicales et anciennes affiches. Belle sélection de produits de bouche dans la boutique de souvenirs.

Calle Hercules, 4 • ☏922 81 22 13 • www.casadelplatano.com • T.l.j. 11h-19h • Entrée : 5 €.

Cueva del Viento**

Aventuriers dans l'âme, cette visite est faite pour vous ! Il y a 27 000 ans, la première phase éruptive du Pico Viejo a donné naissance à une **cavité volcanique** qui est l'une des plus longues du monde. (18 km !). À première vu, ce tube ressemble à une grotte, mais ici, pas de stalactites ou autres signes d'évolution ; les parois de basalte sont figées sur plusieurs kilomètres. Une visite ludique qui permet de comprendre les mécanismes du volcanisme et de la géologie associée.

Calle Los Piquetes, 51, à 3 km du centre d'Icod par la TF-366 puis fléché • ☏922 47 43 80 • www.cuevadelviento.net • Vis. guidée slt, par petits groupes (créneaux en français) ; résa en ligne indispensable • Durée : 3h • Parcours non adapté aux enfants de - de 5 ans ni aux personnes marchant difficilement • Venir bien chaussé et couvert (température 14 °C) • Tarif : 20 €.

6 Garachico**

Coup de cœur pour cette petite ville de bord de mer qui était le principal port de Tenerife jusqu'en 1706, date à laquelle il fut en grande partie détruit par l'éruption du volcan Trevejo, situé à 8 km au sud.

Aujourd'hui, ses beaux monuments, son front de mer découpé, ses piscines naturelles et ses recoins secrets en font une **destination de carte postale**.

Préservée du tourisme de masse, Garachico mise sur le charme et le chic, étant dotée d'un grand **port** capable d'accueillir bateaux de pêche et de plaisance. C'est un excellent camp de base pour rayonner dans les environs de Puerto.

À 29 km O. de Puerto de la Cruz par la TF-42 • Grand parking gratuit à l'entrée de la localité.

Plaza de la Libertad*

Cœur de la vieille ville, cette place est un endroit charmant. Son kiosque entouré d'arbres est idéal pour boire un verre. À l'instar du port de Garachico, ses bâtiments furent endommagés pendant l'éruption du Trevejo puis reconstruits ou restaurés.

La place est dominée par l'**église Santa Ana** (XVIe-XVIIe s.), le **palais de los Condes de La Gomera**, à la façade en pierre de taille (XVIIe s.), et l'ancien **couvent San Francisco**,

Pause typique : Los Piños

On aime beaucoup cette petite adresse, un peu à l'écart des circuits classiques. Beaucoup de locaux y sont d'ailleurs attablés. Elle propose un menu appétissant – *atun con salmorejo, pulpo con mojo* et flan de *queso* –, servi avec le sourire. Petite salle rustique et micro-terrasse.

45 Calle Perez Zamora, 6, Garachico • ☎ 922 83 01 34 • Lun.-sam. 12h-15h et 19h-22h • Plats 8-12 €.

Les piscines El Caletón et le château San Miguel

qui abrite la bibliothèque et le musée (actuellement fermé).

Les **ruelles alentour** renferment de belles maisons à balcons du XVIIIe s. et des couvents.

Puerta de Tierra✦

Vestige du port du XVIe s., cette « porte de la Terre » marque l'ancienne entrée de Garachico, avant que l'éruption ne vienne recouvrir le site. Avant 1706, c'est ici que les navires arrivaient, et que voyageurs et commerçants mettaient pied à terre. L'endroit a été transformé en un **jardin botanique** mystérieux et romantique.

Plaza Juan Gonzáles de la Torre, 2 • Lun.-sam. 10h-16h • Entrée libre.

Castillo de San Miguel et Piscinas El Caletón✦✦

Ce château du XVIe s. est l'un des rares monuments à avoir échappé à la coulée de lave. On s'y arrête pour la table d'orientation et surtout pour la **vue sur les piscines naturelles** creusées dans les rochers, dans lesquelles on peut se baigner. Le spectacle est magnifique par tous les temps. N'hésitez pas à vous promener sur les rochers le long des piscines.

***Castillo :** avenida Tome Cano, Casco Antiguo; pas de vis. • **Piscines :** accès libre; fermées en cas de vent et de mer agitée.*

Muelle de Garachico✦

Garachico est également un port de pêche ; un tour sur son quai *(muelle)* le rappelle. Outre le magnifique point de vue sur le village, la mer et la plage depuis le **mirador del Infierno**, approchez-vous de la sculpture contemporaine installée face à la mer, qui encadre étrangement les flots.

7 Vers Buenavista del Norte✦

En quittant Garachico vers l'ouest, la route suit une côte déchirée par les vagues, abrupte et sauvage, ponctuée de ***charcos*** (grandes piscines naturelles) et de plages. On pourra s'arrêter pour un café dans la bourgade tranquille de **Los Silos**, dont la place principale dégage un petit charme.

Restos Bistrots

Guachinche El Quinto Coño

Taverne typique 46

Si vous aimez les ambiances traditionnelles et populaires, l'endroit est fait pour vous ! Un poulpe entier dans l'assiette, un service chaleureux et une vaste terrasse animée, vous êtes au cœur de l'essence du *guachinche* canarien !

Calle Calvario, 73, ***Tacoronte*** *• 822 61 26 23 • Mer.-dim. 13h-17h, ven.-sam. 20h-23h • Plats 5-11 €.*

Esterlicia

Bistronomie rurale 47

Si la présentation des plats est plutôt sophistiquée, les recettes proposées font la part belle à la tradition. Les gourmets opteront pour le menu « dégustation », qui dresse un portrait savoureux de l'île. On apprécie aussi le cadre campagnard de la salle intérieure, et bien sûr la charmante terrasse.

Calle Camino Botello, 2, ***La Matanza de Acentejo*** *(5 km S.-E. de Tacoronte en dir. de Valle de Orotava) • 922 95 02 02 • www.esterliciarestaurante.com • T.l.j. 13h-23h • Plats 15-22 €, menu 48 €.*

Restaurante Amarca

Vue imprenable 48

Un restaurant à la déco un peu désuète, mais qui charme grâce à sa belle terrasse face à la mer, au-dessus de la Playa de San Marcos. Au menu, des plats traditionnels canariens, des *arroces* variés, des *camarones* (petites crevettes) et de beaux poissons braisés ou en friture.

Avenida Marítima, 29, ***Playa de San Marcos, Icod de los Vinos*** *• 922 81 51 36 • Mer.-sam. 12h-22h, dim. 12h-18h • Tapas 5-8 €, plats 18-25 €.*

Bar-Cafetería La Ratonera

Cantine savoureuse 49

Un petit restaurant qui ne paie pas de mine mais qui réjouit les amateurs de plats simples et conviviaux. Parmi les spécialités de la maison, le ragoût de viande de chèvre *(carne de cabra)*. Petit plus qui ne gâche rien, le service très attentionné.

Calle San Felipe, 4, ***Icod de los Vinos*** *• 629 34 47 70 • Lun.-sam. 11h-15h30 et 19h-22h • Plats 5-12 €.*

Restaurante Arístides

Restaurant de poisson 50

Garachico ne manque pas de bonnes adresses, mais celle-ci est incontournable ! Odeurs et saveurs marines sont au menu de cette table délicate, qui mêle tradition et touches contemporaines. Poulpe et crevettes grillées, farandole de palourdes et tourteau au four sont à déguster en terrasse, sur la place principale de la ville.

*Calle Francisco Montesdeoca y García, 3, **Garachico** • ☏ 922 13 34 12 • Lun.-mer et sam.-dim 12h-19h, f. juin-mi-juil. • Plats 12-18 €.*

La Taskita de Li

Cuisine traditionnelle 51

Aux commandes de cette taverne, Li, qui œuvre en cuisine. Le chef signe des plats simples, entièrement faits maison et généreusement servis, qui font honneur à la tradition canarienne. Viande de chèvre, aubergines frites, croquettes et paellas réjouissent les papilles à des prix modérés.

*Calle Estebán de Ponte, 35, **Garachico** • ☏ 648 48 25 76 • Mer.-lun. 12h-16h et 19h30-22h • Plats 9-25 €.*

Mirador de Garachico

Resto/bar à vins/souvenirs 52

Un établissement «3 en 1», tourné vers les produits locaux. Dans une très belle salle, lumineuse et animée, on dîne de plats traditionnels ou d'une planche de *jamon y queso* accompagnée d'un vin local. Quant à la jolie boutique de souvenirs, elle met en valeur bijoux, poteries, cosmétiques, dentelles, vêtements, vins et même ustensiles de cuisine.

*Calle Francisco Martínez de Fuentes, 17, **Garachico** • ☏ 922 83 11 98 • Restaurant et vinoteca : ven.-mar. 12h-16h et 19h-22h • Tapas 4-8 €, plats 7-15 € • Boutique : t.l.j. sf mer. 10h30-19h.*

Vignoble dans la région de Tacoronte

ŒNOTOURISME

La région de Tacoronte est réputée pour ses vins, en particulier l'appellation Tacoronte-Acentejo. Voici trois adresses où vous pourrez déguster et acheter des vins, voire suivre une visite guidée du domaine viticole. Pour connaître la liste complète des vignobles qui organisent des visites et des dégustations, renseignez-vous auprès de l'office de tourisme de Tacoronte (voir p. 109).

Bodegas Monje

Vignoble/visites guidées 11

Cinq générations de Monje se sont succédé sur ces terres viticoles, et aujourd'hui, Felipe Monje tient les rênes de la production familiale. On pourra profiter de la beauté du site, dont les vignes s'étendent sur les collines, avant de déguster des vins d'appellation Tacoronte-Acentejo, en blanc, rouge et rosé. Un restaurant avec vue sur le Teide vient compléter l'expérience gastronomique locale.

Des excursions d'une journée pour découvrir l'activité viticole de Tenerife sont également proposées.

*Calle Cruz de Leandro, 36, **El Sauzal** • ☎ 922 58 50 27 • bodegasmonje.com • Cave : t.l.j. 10h-19h • Restaurant : mar.-dim. 10h-18h • Vis. guidées de l'exploitation à 11h, 13h 17h • Excursion à la journée sur résa; à partir de 145 € pour 4 pers.*

Casa del Vino

Cave et bar à vins 12

Tournée vers la vallée viticole, cette belle *casa* traditionnelle propose une large sélection de vins canariens à la dégustation et à l'achat. Également restaurant. Voir aussi p. 108.

*Calle San Simon, 49, **El Sauzal** • ☎ 922 57 25 35 • www.casadelvinotenerife.com • Musée et dégustations : mar.-sam. 10h-20h, dim. et j. fériés 10h-18h • Verre de vin 2,40-4 €.*

Museo de Malvasia

Cave à vins/visites guidées 13

Située à quelques dizaines de mètres du célèbre dragonnier d'Icod, cette cave à vins propose des dégustations, des visites guidées à la découverte du patrimoine viticole de l'île et une boutique de vins locaux.

*Plaza de la Pila, 5, **Icod de los Vinos** • ☎ 607 61 00 65 • Lun.-sam. 11h-18h • Excursions à partir de 80 € pour 4 pers.*

Hôtels B&B

Hotel Emblemático San Marcos

Hébergement de charme

Un Icodense a entrepris de transformer la demeure familiale, une maison seigneuriale canarienne du XVIIIe s., en un petit bijou d'hôtellerie intimiste. Les six chambres possèdent un charme fou, accentué par l'atmosphère tranquille et historique d'Icod de los Vinos.

*Calle Hercules, 11, **Icod de los Vinos** • 922 81 65 09 • www.sanmarcos-hotel.com • Adultes slt • Double à partir 95 €, petit déj. inclus • Appelez à l'avance pour convenir de votre heure d'arrivée.*

Hôtel San Roque à Garachico

Garahotel Rural

Boutique-hôtel

Une splendide adresse au charme canarien authentique. De beaux parquets en bois massif, une décoration rustique charmante et un accueil aux petits soins. La jolie terrasse sur le toit permet de profiter d'une belle vue sur mer.

*Calle Estebán de Ponte, 7, **Garachico** • 922 83 11 68 • www.garahotel.com • Double à partir de 95 €, petit déj. inclus.*

Hotel San Roque

Boutique-hôtel

Véritable havre de paix, cet hôtel est installé dans une bâtisse ancienne, dotée d'un magnifique patio central. Chaque chambre est décorée de manière unique, dans un style raffiné qui met en valeur le charme des lieux. Le restaurant propose une carte variée, à déguster en terrasse autour de la piscine.

*Calle Estebán de Ponte, 3, **Garachico** • 922 13 34 35 • www.hotelsanroque.com • Double 219 €, petit déj. inclus.*

Shopping Cadeaux

Casa del Perfume Canario

Parfumerie 13

Cette élégante boutique propose une sélection de parfums et savons artisanaux fabriqués sur

Centre artisanal El Limonero de Garachico

l'île. Une bonne idée cadeau, originale et sophistiquée.

*Calle Leonardo Torriani, 10, **Garachico** • www.casadelperfumecanario.com • T.l.j. 10h-19h30 • Parfum de 50 ml à partir de 48€.*

Centro Artesanal El Limonero

Marché de souvenirs 14

Sous une halle, des dizaines de stands sont déployés à l'attention des visiteurs de Garachico. Chapeaux, tissus, poupées, bijoux, cosmétiques, produits de bouche… Tout ce qui se fabrique sur l'île est vendu ici. L'endroit idéal pour rapporter un souvenir canarien.

*Avenida Tomé Cano, 4, **Garachico** • 922 13 31 81 • T.l.j. 9h30-19h.*

Activités Détente

Fun bike adventures

Cyclisme

Pour découvrir les pentes du volcan Chinyero, la Punta de Teno ou encore les sentiers du Monte del Agua, enfourchez un vélo et suivez les conseils de l'un des guides de Fun Bike. Si vous préférez pédaler de vos propres ailes, la location est également possible.

*Calle La Ola, 1, La Caleta de Interián, **Los Silos** • 626 34 27 41 • www.funbikeadventures.com • Tour du volcan Chinyero 80€, durée 3h30.*

À TABLE !

Rustique, volontiers colorée et parfumée, la cuisine canarienne est savoureuse. Utilisant des produits du terroir de la plus grande fraîcheur, elle relève les mets à l'aide d'herbes aromatiques et d'épices (poivre, cumin, safran, cannelle, piment...). Elle rappelle parfois l'Afrique toute proche et se métisse d'influences sud-américaines.

Papas con mojo picón

Un repas typique

Après quelques tapas, dont le *queso de cabra*, le repas canarien débute par une soupe de légumes ou de poissons. Le ***rancho canario***, notamment, est une sorte de bouillon de pot-au-feu de viandes et de légumes.

Les Canariens sont amateurs de **viandes**, qu'elles soient grillées en *chuletas* (côtelettes), marinées en *salmorejo* (notamment le lapin, *conejo*), en ragoût (*de cabra* – chèvre) ou en *ropa vieja* (mélange de viandes et de pois chiches).

Le **poisson** est souvent servi ***a la plancha*** (frit ou grillé) ou ***sancochado*** (mariné). Les variétés sont nombreuses, à l'instar des fruits de mer, avec notamment les fameuses *chicharros* (cigales de mer), qui ont donné leur nom aux habitants de Tenerife (« los Chicharreros »).

Viandes et poissons sont bien souvent servis avec du ***mojo***, cette sauce typiquement canarienne, à base d'huile d'olive, ail et coriandre *(mojo verde)*, ou de piment rouge, cumin et paprika *(mojo picón)*.

En accompagnement, les pommes de terre canariennes ou ***papas***, petites, rondes et fondantes, sont incontournables. Cuites en robe des champs, elles ont un aspect ridé *(arrugada)* caractéristique, et se mangent avec la peau.

Le *gofio*

C'est une poudre à base de farine de maïs, d'orge ou de froment, que l'on délaye dans l'eau afin d'obtenir une pâte. Il peut accompagner certains plats, mais c'est surtout en **dessert** qu'il est consommé, sucré et mélangé à du lait. D'après les premiers conquérants espagnols, le *gofio* constituait l'aliment de base des Guanches, conjointement avec le fromage de chèvre.

LE TOP DES SPOTS DE BAIGNADE

Sable blanc ou noir, rivages rocheux tourmentés, piscines naturelles, plages familiales aménagées... Les panoramas variés de Tenerife multiplient les options balnéaires. Ici, on lézarde au soleil, là, on se mesure aux vagues de l'Atlantique. Voici notre sélection, pieds dans l'eau et dos au soleil !

Playa de Las Teresitas

La plage idéale pour les familles avec son ambiance très locale, ses palmiers, ses bars de plage et sa longue étendue de sable fin doré.

Voir Santa Cruz de Tenerife, visite 1 p. 29.

Parque Marítimo

Splendide réalisation de César Manrique, cette vision balnéaire des années 1970 n'a pas pris une ride.

Voir Santa Cruz de Tenerife, visite 1 p. 28.

Playa Jardín

Cette plage urbaine, dans le prolongement du quai, garde un aspect sauvage grâce à son sable volcanique et à sa végétation.

Voir Puerto de la Cruz, visite 6 p. 95.

Playa Benijo

Pour son atmosphère de bout du monde et sa communauté de surfeurs enthousiastes.

Voir Parque Rural de Anaga, visite 3 p. 56.

Piscinas El Caletón

Des piscines naturelles aux remous vivifiants, creusées dans la roche volcanique des rivages de Garachico.

Voir La côte autour de Puerto, visite 7 p. 114.

Playa de Las Vistas

Une immense langue de sable blond, longée par le Paseo marítimo de Los Cristianos, paisible et familiale. C'est l'une des plages prisées de la côte sud.

Voir La côte sud, visite 9 p. 137.

La Playa Jardín à Puerto de la Cruz

LE MASSIF DE TENO ET LA CÔTE OUEST 8

Isolé, sauvage et protégé par son statut de parc naturel, le massif de Teno est un véritable paradis pour les randonneurs. On découvre un paysage contrasté, entre le versant nord verdoyant et le versant sud aride, couvert de rares agaves et de succulentes. Dans cet écrin montagneux surgissent quelques villages paisibles, perdus dans la végétation. Au sud du parc commence une zone volcanique dont les reliefs plongent dans l'océan, révélant de belles découvertes maritimes, notamment vers Los Gigantes.

Les falaises de Los Gigantes

1 Buenavista del Norte✦

Avec son charme villageois, sa plaza de los Remedios et son église du XVIe s., Buenavista del Norte mérite une halte. Dernière localité des confins de la côte nord et point de liaison avec la côte est, cet ancien village de pêcheurs connaît une nouvelle vie depuis l'aménagement d'un golf en bord de mer (p. 128). L'endroit est idéal pour prendre un verre ou déjeuner. Arrêtez-vous aussi à l'office de tourisme (sur la place, lun.-ven. 10h-15h) pour obtenir un plan des sentiers de randonnée du parc de Teno.

2 Parque Rural de Teno✦✦✦

Préparez-vous à l'un des plus beaux itinéraires routiers de l'île, l'un des plus sinueux aussi. C'est tôt le matin, lorsque la **route TF-436** est encore vide, que l'on en profite le mieux. Elle

Le village de Masca, au cœur du massif de Teno

grimpe en lacet au milieu des bananeraies jusqu'à la bourgade oubliée d'**El Palmar**, puis traverse, à environ 1 000 m d'altitude, un superbe univers volcanique percé d'arides *barrancos* (gorges). À chaque virage surgit une vue plus belle que la précédente.

Protégée depuis 1987, cette partie du massif de Teno compte de **nombreuses espèces endémiques** animales et végétales, comme les lauriers et les bruyères géantes. Elle réserve de belles promenades aux randonneurs, notamment autour du village de Masca.

À 10 km S. de Buenavista del Norte par la TF-436 • Attention, dans le massif de Teno, la route est étroite et extrêmement sinueuse; attendez-vous à rouler à 20 km/h en moyenne.

Mirador de Barracán++

Connu comme le **plus beau point de vue sur le parc** lorsque l'on se dirige vers Masca, ce belvédère est incontournable. De la plateforme, un chemin grimpe jusqu'à la bourgade perdue de **Teno Alto** (3,5 km), offrant des vues dégagées sur le parc. Les randonneurs qui atteindront le village pourront déguster du fromage de chèvre à Los Bailaderos.

On peut aussi continuer 3 km vers le sud, sur la TF-436, pour atteindre le **mirador**

Pause vertigineuse : Bar Blanky

Ce petit resto paraît comme suspendu au-dessus de la vallée de Masca. Le menu traditionnel propose chaque jour du ragoût de chèvre, des seiches en sauce *(chocos)* et des gâteaux au cactus! Le petit plus : les jus de fruits frais.

*53 Casa Fidel, calle Lomo del Medio, **Masca** (en contrebas du village) • 922 83 01 34 • Lun.-sam. 12h-15h et 19h-22h • Plats 8-12 €.*

Cruz de Hilda et son agréable cafétéria (voir p. 126).

À 12 km S. de Buenavista del Norte.

Masca✦✦

Construit en terrasses, Masca est un magnifique village de montagne dont les maisons en roche basaltique ont un charme fou. On y vient pour dîner et faire des emplettes dans les boutiques de souvenirs artisanaux, qui vendent notamment du fromage, du miel et du *mojo*. Petit bémol, l'endroit est très touristique ; en saison, il peut être compliqué d'y circuler.

À 17 km S. de Buenavista del Norte • Stationnement très difficile, se garer à l'entrée du village.

❸ Santiago del Teide✦

La route du Teno se termine par une longue descente en lacet qui rejoint Santiago del Teide, un village enclavé au cœur des volcans environnants. C'est un bon camp de base pour l'exploration des parcs du Teno et du Teide. Avec son **église blanche dédiée à la Vierge** (t.l.j. 9h-17h) et sa rue principale bordée de maisons basses, Santiago cultive une simplicité qui plaît à ceux qui apprécient la tranquillité.

L'office de tourisme vous renseignera sur les différentes excursions possibles. Le **centre d'interprétation du volcan Chinyero**, quant à lui, présente une exposition dédiée au volcanisme de l'île.

***À 22 km S. de Buenavista del Norte par la TF-436 • Office de tourisme :** lun.-ven. 8h-14h30; visitsantiagodelteide.com • **Centre d'interprétation du volcan Chinyero :** avr.-août lun.-ven. 9h-14h.*

4 Los Gigantes✦✦

Après Santiago del Teide, la route continue vers le sud, traversant de **magnifiques paysages volcaniques** jusqu'à la baie que bordent les **falaises d'Acantilado de Los Gigantes**.

Empruntez la TF-454 pour atteindre **Los Gigantes** et ne manquez pas le **mirador de Archipenque** (p. 127), situé le long de la route, juste avant l'arrivée au port. C'est le meilleur point de vue sur les falaises.

Le **port** de Los Gigantes est particulièrement touristique, mais c'est de là quepartent les bateaux qui approchent ces « falaises des géants » et permettent d'observer la faune marine. C'est aussi l'un des meilleurs spots de Tenerife pour la **plongée sous-marine** ; plusieurs centres y sont installés.

L'**ancien port de pêche** a gardé un petit côté charmant. On pourra déjeuner dans l'un des restaurants de poisson sur le quai.

À 38 km S. de Buenavista del Norte par les TF-436, TF-82 et TF-454 • Stationnement difficile.

5 De Puerto de Santiago à Playa San Juan✦

Après Los Gigantes, la route côtière file vers le sud et Costa Adeje (p. 134). Elle longe une enfilade de stations balnéaires assez semblables, sans intérêt particulier. Parmi elles, **Playa San Juan** se démarque avec son beau Paseo Marítimo rouge et noir, dont les courbes volcaniques offrent un

La petite ville de Playa San Juan et son port de pêche

panorama sympathique sur la mer. Un peu moins artificiel que les autres, ce village abrite quelques terrasses prisées des locaux.

6 Guía de Isora✦

Ce petit village, dont l'économie repose sur la culture de la tomate et de la banane, se cache à l'intérieur des terres, sur la route menant au mirador de Chirche et à la TF638, qui rejoint le Teide.

Sur la belle **place centrale** se dresse une église dédiée à la Virgen de la Luz, de styles Renaissance et mudéjar, autour de laquelle s'organise encore une vie de village traditionnelle. Pour une halte sur le chemin du Teide.

À 34 km S. de Buenavista del Norte.

Restos Bistrots

El Aderno

Pâtisserie/épicerie 54

Viennoiseries, tartes, pâtisseries traditionnelles mais aussi vins d'El Palmar sont proposées dans cette adresse réputée, située dans la rue principale menant à l'église.

*Calle La Alhóndiga, 8, **Buenavista del Norte** • ☎922 12 73 68 • www.eladerno.com • Lun.-jeu. 9h-19h, ven.-dim. 9h-20h • Pâtisseries 3-5 €.*

Los Bailaderos

Au bout du monde 55

Un resto-bar hors des sentiers battus (mais qui a tout de même une petite réputation), où l'on s'arrête après une rando, pour boire un jus de fruits frais, déjeuner d'un *bocadillo* au fromage local ou d'un ragoût de chèvre.

*Teno Alto, **Buenavista del Norte** • Mar.-dim. 10h30-18h • Plats 5-9 €.*

Restaurante Mesón del Norte

Table traditionnelle 56

Sa réputation n'est plus à faire : dans cette auberge, on sert l'une des meilleures cuisines canariennes de la région. Au menu *solomillo* (filet mignon), entrecôte aux *pimientos*, *mojo* évidemment, mais aussi *garbanzas* (spécialité de pois chiches) et lapin au *salmorejo*.

*Carretera de Masca, 2, **Las Portelas** • ☎822 69 24 03 • wwwrestaurantemeson delnorte.es • Mar.-sam. 12h-17h et 18h30-23h, dim. 12h-17h • Plats 9-15 €.*

Cafetería Mirador Cruz de Hilda

Sur le pouce 57

On s'y arrête pour la vue, évidemment. Quelques jus de fruits, des assiettes de fromages et

La terrasse de la Cafetería Mirador de Archipenque

des pommes de terre au *mojo*, de quoi se sustenter après une belle balade dans les environs de Masca.

***Masca**, sur la TF-436 • Dim.-jeu. 10h-18h • Snack 3-7€.*

Cafetería Mirador de Archipenque

Snack avec vue 58

Avant d'atteindre Los Gigantes, faites donc une pause pour profiter de la vue splendide qu'offre ce café, en balcon sur les fameuses falaises.

De la terrasse en bois, on aperçoit également la station balnéaire de Puerto de Santiago et ses nombreux hôtels avec piscine – mieux vaut peut-être se concentrer sur l'océan !

*TF-454, **Los Gigantes** • Mar.-dim. 9h-21h • Snack 3-7 €.*

Tasca 1900

Tradi rafraîchissant 59

Une jolie adresse qui revisite les classiques canariens et espagnols – *chipirones* frits, salade russe, *croquetas*... – en misant sur une présentation gourmande et des produits locaux. On aime beaucoup l'ambiance de taverne du bout du monde qui se dégage de cette maisonnette blanche.

*Calle El Tagoro, 2, **Guía de Isora** • ✆922 85 14 20 • Jeu.-sam. 12h-23h, dim. 12h-20h30 • Plats 5-18 €.*

Hôtels B&B

La Casona del patio

Hôtel de charme

Un hôtel 4-étoiles très agréable, doté de vastes chambres confortables et d'un restaurant. Les jardins autour du bâtiment sont décorés avec d'anciens outils agricoles qui donnent au lieu un cachet authentique.

*Avenida de la Iglesia, 68, **Santiago del Teide** • ☏ 922 83 92 93 • lacasonadelpatio.com • Double à partir de 110 €, petit déj. inclus.*

Activités Détente

El Cardón

Randonnée et escalade

Cette entreprise spécialisée dans l'écotourisme propose des randonnées et des activités sportives (spéléo, escalade) dans le massif du Teno, notamment la rando du Barranco de Masca.

*Calle La Finca, **Buenavista del Norte** • ☏ 922 12 79 38 • www.elcardon.com • Résa : lun.-ven. 10h-14h • Rando Masca : 30 € sans le transport.*

Gregorios Trekking

Randonnée

Une agence familiale tenue par deux guides de haute montagne passionnés, qui propose des randonnées accompagnées, parmi lesquelles celle du fameux Barranco de Masca. D'autres circuits, dans le parc rural d'Anaga ou dans le parc national du Teide, sont également disponibles.

☏ 629 79 01 56 • mascabarranco.com • Rando Masca : 55 € avec le transport.

Buenavista Golf

Ce golf offre un magnifique parcours de 18 trous qui s'étend sur plus de 6 km, avec le massif de Teno et la grande bleue pour tout horizon.

*Calle Vista La Monja, **Buenavista del Norte** • ☏ 922 12 90 34 • www.buenavistagolf.es • 18 trous : 62 €.*

Teno Activo

Kayak, plongée et randonnée

Pour les amateurs de tourisme actif, cette agence propose des randonnées et de l'escalade dans le parc de Teno, des sorties en kayak de mer et des cours de plongée aux abords des falaises de Los Gigantes.

*Calle Poblado Marinero, 20, marina de **Los Gigantes** (face au ponton n° 7), • ☏ 618 00 09 72 • www.tenoactivo.com • Sortie Kayak et observation des baleines : 58 €.*

Flipper Uno

Excursions maritimes

Pour observer les baleines, les dauphins et les phoques qui jouent entre les rochers de Los Gigantes, embarquez à bord de l'un des bateaux de cette compagnie.

Différentes longueurs d'excursions possibles, avec ou sans repas.

Calle Poblado Marinero, local 25, marina de ***Los Gigantes*** *• 922 86 21 20 • www.flipperuno.com • Résa : lun.-ven. 9h-17h • Excursion de 2h : 28 €.*

Los Gigantes Diving Center

Plongée

L'une des compagnies de plongée les plus réputées : au départ du centre, vous avez la possibilité d'explorer une vingtaine de sites de plongée, y compris le fameux **Barranco Seco**, dont les récifs sont parmi les plus beaux de Tenerife.

Calle Poblado Marinero, marina de ***Los Gigantes,*** *au niveau des pontons n°s 5 et 6 • 922 86 04 31 • buceolosgigantes.com • Résa : lun.-sam. 9h30-16h • 1 plongée 59 €.*

Whale Wise Eco Tours

Observation des baleines

Des sorties en tous petits groupes et à l'écart de la foule, organisées par une équipe d'océanographes et d'amoureux des cétacés respectueux de leur environnement.

Calle Poblado Marinero, en face du ponton n° 1, marina de ***Los Gigantes*** *• 627 69 70 70 • whalewise-ecotours.com • Excursion de 2h30 : 75 €.*

Abama Golf

Une démesure à l'image du complexe hôtelier d'Abama : 22 lacs, 25 000 palmiers, sans parler des cascades et de l'île de La Gomera en toile de fond.

Playa de San Juan, ***Guía de Isora*** *• 922 58 96 23 • www.abamahotelresort.com • 18 trous : 270 €.*

VERS LE MONTE DEL AGUA

Quelques rapaces survolent un paysage rocailleux planté de bosquets d'épineux et de lauriers. D'une beauté sauvage, ce sentier grimpe au cœur du massif de Teno, délivrant des vues plongeantes sur les deux versants de la montagne.

INFORMATIONS PRATIQUES

- **Départ/Arrivée :** El Palmar (voir p. 123) • **Point d'information :** plaza Las Libreas.
- **Distance :** 5,5 km A/R.
- **Durée :** 2h.
- **Dénivelé :** 305 m.
- **Balisage :** jaune et blanc ; sentier PR TF52-1, semi-ombragé et bien aménagé.
- **Difficulté :** modérée.
- **Meilleur moment :** le matin ou en fin de journée.

Arrivée sur le Monte del Agua

1. En empruntant la calle El Risquete, on traverse la tranquille bourgade d'**El Palmar**. Suivant un chemin agricole, le sentier bordé de cactus monte sur un versant ensoleillé pour atteindre de minuscules hameaux brûlés par le soleil, tout en longeant des cultures en terrasses. La vue se dégage.

2. À la **croix fleurie**, continuer tout droit sur un sentier terreux qui rétrécit à mesure qu'il s'enfonce dans un sous-bois. On aperçoit ici et là d'anciens terrassements bordés de roches. Quelques **fermes** sont encore en activité dans ce territoire reculé. Sur une portion du sentier, des marches en rondins facilitent la montée. L'ombre est alors bienvenue.

3. La roche devient rouge, des **escaliers creusés dans le sol** mènent jusqu'à un **croisement**. En continuant vers la droite et le Monte del Agua, on atteint bientôt l'**arête de la montagne**. L'autre versant se révèle : l'**océan** se déploie au loin, bordé de stations balnéaires, parmi lesquelles le charmant port de **Garachico**.

4. Au croisement suivant, prendre à gauche pour rejoindre le **Monte del Agua**. Les plus chanceux pourront y apercevoir un pigeon des lauriers, une espèce endémique des Canaries. Pour redescendre à El Palmar, on empruntera le même chemin.

DANS LES *BARRANCOS*

Les reliefs occidentaux de l'île sont creusés de canyons brûlés par le soleil et plantés de rares arbustes. Particularité topographique de Tenerife, ces gorges ou *barrancos* réservent de belles (et exigeantes) randonnées.

Le Barranco de Masca

C'est l'un des treks phares de Tenerife. Le superbe sentier serpente dans la gorge, entre éboulis rocheux et parois abruptes, avant d'atteindre la mer près de la Punta de la Galera. Ce *barranco* de Masca étant réputé pour sa difficulté et sa dangerosité, il est conseillé de faire cette randonnée accompagné d'un guide. Plusieurs compagnies proposent ce service et assurent le transport jusqu'au point de départ.

***Distance :** 10 km A/R • **Durée :** compter 3h de descente et 4h de remontée • **Niveau :** difficile, réservé aux randonneurs expérimentés (interdit enfants - de 8 ans) • Attention : accès au sentier limité, et départ slt entre 8h30 et 11h • **Résa obligatoire** (gratuite), à faire plusieurs semaines à l'avance • Le mieux est de rejoindre le point de départ en bus (« guagua ») car il est interdit de stationner plus de 3h à Masca • **Infos :** www.caminobarrancodemasca.com*

Le Barranco del Infierno

Dans les hauteurs d'Adeje, cette « gorge de l'Enfer » (voir carte p. 68) offre une superbe randonnée entre d'immenses parois rocheuses au cœur d'une nature luxuriante. Cette gorge est plus accessible que celle de Masca, même si le sentier demeure exigeant physiquement.

***Distance :** 6,5 km • **Durée :** 3h30 A/R • **Difficulté :** moyenne • Accès au sentier limité, et départ slt entre 8h et 14h • **Résa obligatoire** (11 €) • **Infos :** www.barrancodelinfierno.es*

BON À SAVOIR

- Si les conditions météo sont mauvaises, les *barrancos* peuvent être fermés. Renseignez-vous au préalable !

Barranco de Masca

LES PANORAMAS LES PLUS ÉPOUSTOUFLANTS

Terre de pics et de falaises, île aux rivages parfois tranchants, Tenerife ne manque pas de relief(s), et l'œil curieux y trouvera facilement le spectacle qui l'inspire. Du haut des sommets comme au niveau de la mer, l'île née du feu révèle ses différents visages. À vos appareils photo !

Piscine du Charco de la Laja

La mer de nuages

Bloqués par les montagnes, les nuages poussés par le vent viennent s'agglutiner contre la face nord de l'île, formant une mer cotonneuse entre 800 et 1 800 m d'altitude. Sur la route du parc du Teide, les **miradors de la TF-24** permettent de profiter du spectacle, qui se révèle encore plus saisissant au petit matin, quand les lumières rosissent les nuages.

Voir Le Teide, Carretera Dorsal, visite 4 p. 65.

Les piscines naturelles

Écrins rocheux baignés d'une eau turquoise profond, ces « piscines » formées par le volcanisme sont d'une beauté fascinante. Tantôt bouillonnantes, tantôt miroirs, elles se métamorphosent au gré du vent et à la faveur de l'océan, comme celles du **Charco de la Laja** ou d'**El Caletón**, sur la côte ouest.

Voir La côte autour de Puerto de la Cruz, visite 7 p. 110 et 114.

La perfection urbaine de La Laguna

En suivant l'escalier en colimaçon qui grimpe dans le campanile de l'église Nuestra Señora de la Concepción, le visiteur non sujet au vertige s'offrira une vue digne du Patrimoine de l'Unesco sur les rues rectilignes de la belle Laguna et les montagnes environnantes.

Voir La Laguna, visite 2 p. 43.

Tenerife à 360°

Du **mirador Pico del Inglés**, situé au sommet de l'Anaga, à plus de 1 000 m d'altitude, on profite de l'une des plus belles vues

Le Parque Rural de Teno et ses routes sinueuses

circulaires de l'île, englobant le parc du Teide, les rivages de Santa Cruz et même, par beau temps, l'île voisine de Gran Canaria.

Voir Le Parque Rural d'Anaga, visite 3 p. 55.

Los Gigantes

C'est du pont d'un bateau que l'on prend le mieux la mesure de ces falaises minérales géantes, dont la hauteur impose l'humilité. Et lorsque le regard plonge dans les flots, c'est pour apercevoir un ballet de cétacés tout à fait fascinant.

Voir Le massif de Teno, visite 8 p. 125.

La route du Teno

Un itinéraire routier sinueux et vertigineux, qui grimpe à travers un parc naturel d'une beauté brute et sauvage. À-pics rocheux, bananeraies luxuriantes ou *barrancos* arides, la TF-436 est une destination à part entière !

Voir Le Parque Rural de Teno, visite 8 p. 122.

Les paysages lunaires du Teide

Des reliefs striés d'ocre, de rouge ou de vert, des cheminées naturelles, des champs de lave… En suivant la route TF-21, qui traverse le parc national, on découvre un paysage unique, marqué par le volcanisme.

Voir Le parc national du Teide, visite 4 p. 67

Le Pico del Teide vu des Roques de García

LA CÔTE SUD ET SES PLAGES

9

Soleil inaltérable, animation constante, plages de sable interminables et foultitude de services touristiques, le Sud de Tenerife s'apparente à une gigantesque station balnéaire. Pour un séjour *all inclusive* et *farniente*, c'est le meilleur endroit pour séjourner. Si l'urbanisation intensive de la côte peut sembler démesurée à Playa de las Américas ou à Los Cristianos, quelques localités, telle El Médano, présentent un visage plus humain tout en conservant une atmosphère festive.

La plage d'El Médano et la Montaña Roja à l'arrière-plan

1 Costa Adeje✦

On ouvre le bal des plages du Sud avec ce haut lieu du tourisme balnéaire, dont l'ambiance plutôt chic et luxueuse se concentre autour de la blonde **Playa del Duque**, plantée de palmiers. On pourra profiter des parcs d'attractions (par exemple le Siam Park, p. 139) ainsi que des excursions et des plages.

2 Playa de las Américas✦

Plus grand public et très vivante, la station de Playa de las Américas rassemble plusieurs plages bordées de *beach clubs* branchés. De jour, c'est un défilé de plagistes et autres amateurs de shopping. La nuit, la station devient fébrile et attire les fêtards de tous bords.

Les amateurs d'architecture jetteront un œil au spectaculaire **Palacio de Congresos Pirámide de Arona**, sur l'avenida de las Américas, dont l'ampleur délirante et la colonnade surmontée d'archers semblent tout droit sortis d'un péplum italien.

Marina de Las Galletas

Un agréable *paseo* en front de mer relie las Américas à Los Cristianos (4 km, environ 1h), à emprunter en fin de journée, lorsque la lumière se fait plus douce.

À 2 km S. de Costa Adeje via la TF-481.

3 Los Cristianos✦

Avec son port et sa rue commerçante (l'**avenida Los Playeros**), Los Cristianos propose une ambiance familiale. D'ici, on peut partir en excursion pour observer les baleines ou bien s'essayer à la plongée. Ne manquez pas la jolie **plaza Virgen del Carmen** avec son église blanche.

À 5 km S. de Adeje via TF-1.

4 Las Galletas✦

Avec sa jolie **plage de sable noir et de galets** devant laquelle mouillent des petits voiliers et des bateaux de pêche, Las Galletas a conservé une âme authentique de port de pêche. À quelques kilomètres seulement de Los Cristianos, cette localité cultive une atmosphère moins touristique assez appréciable. Une marina et plusieurs entreprises de sports nautiques (plongée en particulier) y sont tout de même installées.

À 19 km S. de Adeje via la TF-1.

5 Los Abrigos✦

Ici aussi, on est loin de la démesure des turbulentes

Pause brunch & surf : Bliss Café

Avec sa petite terrasse sur deux étages face à la plage, Bliss Café est un concentré d'El Médano : des embruns, du soleil et une coolitude à toute épreuve. On y savoure différentes tapas, et surtout un délicieux brunch accompagné d'un cocktail frais. Un instant parfait.

*60 Calle Miguel el Pescador, 2, **El Médano** • ☎682 27 00 83 • T.l.j. 8h-23h • Brunch 12-15€.*

voisines. Une promenade en bois dessert plusieurs **petites plages de sable noir**, calmes et non aménagées. On aperçoit toutefois plusieurs chantiers, qui indiquent une urbanisation en cours de densification…

Pour l'instant, le **port de pêche** reste charmant avec sa digue couverte de fresques, ses bateaux amarrés le long de la criée, sa vue sur la **Montaña Roja** et ses petits restaurants de poissons ouverts sur le quai.

À 17 km S.-E. de Adeje via la TF-1.

6 El Médano✦✦

Coup de cœur pour cette station balnéaire jeune, dynamique et à taille humaine, qui cultive une ambiance cool et sportive, impulsée par la présence d'une importante communauté de kitesurfeurs et de véliplanchistes. On y va bien sûr pour la belle **plage El Médano**, mais on aime aussi ses adresses gourmandes authentiques, alignées le long du petit front de mer. La **vue splendide** sur la **Montaña Roja** confère au site un cadre enchanteur.

À 23 km E. de Adeje via la TF-1.

Restos | Bars | Hôtels | Shopping | Activités

Restos Bistrots

El Molino Blanco

Bonne table 61

Dans le cadre d'un ancien moulin entouré d'un jardin enchanteur, ce restaurant sert une cuisine raffinée, aux accents internationaux. Paellas, poissons grillés et viandes braisées sont à l'honneur.

*Avenida de Austria, 5, **Costa Adeje***
• ☎ 922 79 62 82 • www.molino-blanco.com
• Lun.-ven. 17h-minuit, sam.-dim. 13h-minuit
• Musique live t.l.j. à partir de 20h30
• Plats 22-30 €.

Mesón Castellano

Traditionnel 62

Une adresse à la déco rustique, qui met en valeur la cuisine nationale : plateaux de fruits de mer, différents riz composés, des entrecôtes et même du cochon braisé. Ambiance classique et service soigné.

*Avenida Antonio Domínguez Alfonso, Rés. El Camisón, 40, **Playa de las Américas** • ☏922 79 63 05 • Lun.-sam. 13h-23h • Plats 15-28€.*

Chiringuo Atlanticus

Cantine avec vue 63

Une terrasse quasiment sur la mer, qui s'étend sur la digue encadrant la plage et s'avançant dans l'océan. On vient ici pour le spot, à l'écart du flot continu de touristes. La nourriture n'est pas exceptionnelle mais le service est très attentionné.

*Calle Espigón del Benchijigua, au bout de la plage de Las Vistas, **Los Cristianos** • ☏606 94 02 05 • Mar.-dim. 8h-22h • Plats 8-20€.*

Cafe del Puerto

Poisson et fruits de mer 64

Dans le petit port de Las Galletas, cette adresse oscille entre bar à tapas et resto romantique. Deux constantes : sa terrasse posée sur l'eau, face à la marina, et ses plats de poissons frais et variés.

*Rambla Dionisio González, Loc 1.2, marina de **Las Galletas** • ☏615 95 93 53 • Mer.-dim. 12h-20h, lun. 18h-20h • Plats 10-20€, paella 20-22€.*

Des plages pour tous les goûts

La côte S.-O. de Tenerife concentre une longue enfilade de plages. La plupart sont aménagées (transats payants, bars, échoppes...). Si vous aimez les ambiances solitaires et naturelles, évitez cette zone ! Voici une petite sélection, parmi le très grand choix de spots :

- **À Costa Adeje :** Playa del Duque (sable blond, aménagée et protégée par des digues), Playa de Fañabé (sable noir, protégée) et Playa de La Pinta (sable blond, jeux gonflables, familiale).
- **À Playa de las Américas :** Playa de Troya (sable noir, rochers et vagues), Playa de las Américas (aménagée pour la baignade, enclave pour les surfeurs), Playa del Camisón (protégée entre deux digues, très familiale), Playa de Las Vistas (vaste langue de sable blond, plutôt calme).
- **À Los Cristianos :** Playa de Los Cristianos (aménagée, sable blond et protégée).

Playa del Duque

Rue de Las Galletas ouvrant sur la mer

Cofradía El Médano

Poisson et fruits de mer 65

On ne le dira jamais assez, rien ne vaut une *cofradía* (voir p. 149) pour déjeuner de poisson frais ! Celle-ci est installée dans un sympathique passage piétonnier d'El Médano, et la salle intérieure ouvre sur la mer par de larges baies vitrées. On y goûte à toutes les spécialités marines locales, du poulpe mariné aux crevettes grillées.

Paseo Marcial Garcia, 4, ***El Médano*** *• ☏822 69 57 76 • T.l.j. 13h-23h • Plats 10-25 €.*

Bars, clubs Sorties

Monkey Beach Club

Night-club 14

Lorsque le Monkey ouvre ses portes en été, la plage se remplit de fêtards… S'il fait office de restaurant de plage (spécialisé poisson), ce club est surtout réputé pour son rooftop avec vue sur mer (résa conseillée) et ses soirées.

Avenida Rafael Puig y Lluvina, 3, Playa de Troya, ***Playa de las Américas*** *• ☏922 79 06 56 • www.monkeybeachclub.com • T.l.j. 18h-1h • Cocktails 7-9 €.*

Papagayo Beach Club

Day & night-club 15

Des canapés blancs comme posés sur la plage, des cocktails à profusion et des soirées recherchées : voici le plus branché des *beach clubs* de l'île.

Avenida Rafael Puig y Lluvina, 2, ***Playa de las Américas*** *• ☏922 78 89 16 • www.papagayobeachclub.com • Mer.-dim 11h-3h • Cocktails 6-8 € • Entrée 15 € le soir à l'étage.*

Magic Lounge Club

Night-club 16

Une décoration baroque, des lumières tamisées et une ambiance qui se veut sophistiquée. Dans ce bar lounge, les cocktails sont de mise.

*Avenidas de las Américas, Mare Nostrum Resort, **Playa de las Américas** ☎822 62 11 43 • www.magicbartenerife.com • T.l.j 19h-3h • Cocktails 7-9 €.*

Jamón y Mojo

Bar à vins 17

Une adresse idéale pour boire un verre de ribera del duero tout en dégustant une assiette de charcuterie (*lomo*, *patanegra*, serrano, etc.).

*Avenida Suecia, 35, **Los Cristianos** • ☎674 73 69 01 • www.jamonymojo.es • T.l.j. 12h-22h30 • Verres de vin 3-5 €, portions (raciones) 15-28,50 €.*

Manfred's Soul Café

Bar avec vue 18

Une belle terrasse en hauteur avec vue sur la mer et la Montaña Roja, des *pintxos*, tapas et autres délices

Cofradía El Médano

à picorer, et une ambiance festive et populaire tous les soirs. Un lieu qui mêle touristes et locaux.

*Avenida José Miguel Galván Bello, 4, **El Médano** • ☎606 00 01 76 • T.l.j. 8h30-2h • Pintxo y caña 2 €.*

Hôtels B&B

Hotel Médano

Vue imprenable

À la fois vivante et relax, El Médano est une belle alternative pour ceux qui souhaitent profiter du soleil du Sud tout en évitant les énormes stations. Cet établissement 3-étoiles a littéralement les pieds dans l'eau. Son solarium et ses balcons surplombent la mer animée par les voiles colorées des kitesurfeurs.

*Calle Picachos, 2, **El Médano** • ☎922 17 70 00 • www.medano.es • Double à partir de 105 €, petit déj. inclus 2 ou 4 nuits minimum selon la saison).*

Activités Détente

Siam Park

Parc aquatique

La version aquatique du Loro Parque de Puerto de la Cruz (même entreprise). Une gigantesque aire de jeux sur le thème de la Thaïlande, avec

Le paradis du golf

Sur la côte sud de Tenerife, les amateurs de golf seront comblés, avec notamment plusieurs golfs 18 trous.

- **Golf Costa Adeje : à *Costa Adeje*** *• www.golfcostaadeje.com • 113€.*
- **Golf Las Américas : à *Playa de las Américas*** *• www.golflasamericas.com • 65-115€.*
- **Golf Los Palos : à *Las Galletas*** *• www.golflospalos.com • 25€.*
- **Amarilla Golf & Country Club : à *San Miguel de Abona*** *• www.amarillagolf.es • 69€.*
- **Golf del Sur : à *San Miguel de Abona*** *• www.golfdelsur.es • 79€.*

toboggans géants et vagues artificielles. Une expérience familiale à ne pas manquer!

TF-1 (sortie 73 ou 74), ***Costa Adeje*** *• ☎822 07 00 00 • www.siampark.net • T.l.j. 10h-18h (hiver 17h) • Entrée : 40€, enfant 28€.*

Bonadea II

Observation de la faune marine

Embarquez à bord d'un catamaran pour une observation respectueuse des dauphins et autres cétacés qui longent les côtes tenerifiennes.

Puerto Colón, ***Playa de las Américas*** *• ☎618 13 27 29 • www.bonadea2catamaran.com • 2 excursions/j. à 9h et 11h30 • Durée 2h • À partir de 45 €.*

Tenerife Dolphin

Observation de cétacées

Le catamaran *Royal Delphin* propose différentes croisières de 2h à 4h30, autour de la côte sud-ouest de l'île. Sa coque en partie vitrée permet d'observer la faune marine et sous-marine.

Centro Comercial Ocean Center, 15, Puerto Colón, ***Playa de las Américas*** *• ☎922 75 00 85 • www.tenerifedolphin.com • Excursions mar., jeu. et dim. à 10h30 • À partir de 27€ (2h).*

Ika Ika Surf School

Cours de surf

Une école basée sur la plage de las Américas, qui propose des cours pour tous les niveaux, toute l'année. Tout le matériel est fourni.

Paseo Guadalajara, 40, ***Playa de las Américas*** *• ☎603 155 720 • www.ikaikasurfschooltenerife.com • Cours à partir de 35€ (2h); 150€ les 5 cours.*

Submarine Safaris

Excursion en sous-marin

Une expérience surprenante, qui permet de voir la faune sous-marine (poissons, raies et autres dauphins) qui peuple les eaux de Tenerife.

Urbanización Golf del Sur, Marina San Miguel, port d'Amarilla Golf • ☎922 73 66 29 • www.submarinesafaris.com • T.l.j. sf sam. • Résa obligatoire • Excursion : 57€.

Camel Park

Parc animalier

Dans cette ferme canarienne, on peut se promener à dos de dromadaire et découvrir d'autres animaux.

La Camella, autopista del Sur (sortie 72) ***Los Cristianos*** *• ☎922 72 11 21 • camelpark.es • T.l.j. 10h-15h30 • Entrée à la ferme 5€, balade à dos de dromadaire (20 min) 22€; réduc. enfants.*

ACTIVITÉS NAUTIQUES

Une île baignant dans des eaux limpides et dotée toute l'année d'un climat doux et favorable... Tenerife est sans conteste une destination de choix pour pratiquer les sports et les loisirs nautiques. En planche, avec un tuba ou à bord d'un catamaran, les eaux ténérifiennes sont à vous!

Plongée

Des eaux claires et chaudes et une grande biodiversité font de Tenerife un spot de plongée prisé. Les reliefs volcaniques sous-marins forment à eux seuls un cadre magnifique, et lorsque le spectacle des raies, mérous et autres dauphins s'anime, on en laisserait tomber son tuba… Rendez-vous au sud, autour de **Las Galletas** (p. 135) et de **Costa Adeje** (p. 134), ou bien sur la côte ouest, du côté de **Los Gigantes** (p. 128 et 129).

Surf et stand-up paddle

Avec plus d'une trentaine de spots de **surf**, Tenerife offre l'embarras du choix et **deux vagues incontournables**. On file vers le nord, à **Igueste**, près de San Andrès, où, face à une plage de galets, déferle l'une des gauches les plus connues de l'île. L'autre vague qui fait parler d'elle à l'international est celle de **Las Palmeras**. Sélectionnée plusieurs fois pour accueillir les WQS (World Qualifying Series) du championnat du monde de surf, cette gauche se déroule face à la **plage**, très fréquentée, **de las Américas**, au sud de Tenerife, qui possède également une enclave pour les surfeurs débutants (p. 137).

La zone, très étendue, se prête aussi à la pratique du **stand-up paddle** et du **bodyboard**.

Windsurf et kitesurf

Avec un vent quasi constant, Tenerife accueille les amateurs de planche à voile et autres *kite* tout au long de l'année. Plusieurs championnats nationaux et internationaux se déroulent à **El Médano** (p. 136), le spot le plus réputé de l'île. Prudence tout de même : la plupart des spots ténérifiens sont déconseillés aux débutants sans moniteur.

Excursions maritimes

Pour observer la faune marine ou simplement respirer les embruns canariens, embarquez à bord de l'un des bateaux amarrés au port de **Los Gigantes** (p. 128 et 129) ou de **Playa de las Américas** (ci-contre). À la voile ou à moteur, sur un catamaran ou un monocoque à fond transparent, de nombreuses escapades sont possibles, à la découverte des rivages de Tenerife.

ORGANISER SON WEEK-END

Romería de *La Orotava*

L'ESSENTIEL

Quand partir ?

Décembre-février : période la plus fraîche (autour de 18 °C) et il peut faire froid en altitude ; haute saison touristique.

Mars-juin : températures douces (autour de 20 °C) et nuits fraîches ; moyenne saison touristique.

Juillet-août : températures chaudes (autour de 30 °C) ; haute saison touristique.

Septembre-novembre : températures autour de 20 °C, mais les nuits sont fraîches et il peut faire froid en altitude ; basse saison touristique.

Pendant les **fêtes religieuses** et le **Carnaval de Santa Cruz** (en janvier), la fréquentation touristique augmente… et les prix aussi.

Formalités

Les citoyens de l'Union européenne circulent librement mais doivent être munis d'une pièce d'identité nationale en cours de validité. Elle sera exigée à l'embarquement (en avion et en bateau).

Attention, certaines compagnies espagnoles vous demanderont plutôt un passeport. Emportez-le par précaution.

Comment y aller ?

Depuis la France, il n'y a pas vraiment d'autre choix que l'avion. De Paris à Tenerife, comptez **4 à 5h de vol** sans escale avec les compagnies EasyJet, Vueling, Ryanair, Transavia ou Volotea (à partir de 400 €). Vols directs également au départ de Nantes, Marseille, Lille, Bordeaux, Nice et Toulouse.

Des autres villes, escale à Madrid ou à Barcelone.

On atterrit soit à l'**aéroport de Tenerife Sur Reina Sofia** (pour explorer le sud de l'île), soit à celui de **Tenerife Norte Los Rodeos** (pour le nord de l'île).

Argent

La monnaie nationale est l'euro. Retraits faciles dans les distributeurs automatiques *(cajeros automáticos)*. Tous les villages et les villes en ont au moins un.

Avant le départ, pensez à vérifier votre plafond de prélèvement à l'étranger auprès de votre banque.

Budget

Les prix varient grandement en fonction des saisons. D'une manière générale, la vie est un peu moins chère que sur le continent, notamment sur le plan de l'alimentation. Dans les stations balnéaires, les tarifs sont toutefois plus élevés.

Cartes bancaires

Tous vos paiements par carte sont gratuits, et vos retraits soumis aux mêmes conditions tarifaires qu'en France (gratuits donc pour la plupart des cartes bancaires).

Les cartes bancaires sont acceptées dans la plupart des établissements et des boutiques, même pour les petits montants. Les petites échoppes et les marchés, eux, ne fonctionnent parfois qu'avec du liquide.

Conseil :
Notez vos numéros de compte et de carte bancaire, ainsi que les coordonnées de votre banque pour faire opposition. En cas de vol, on vous demandera une confirmation écrite et signée des autorités locales.

Numéros locaux à contacter en cas de perte ou vol :
Visa : ☎900 991 124.
MasterCard : ☎900 971 231.

Numéros utiles

- **Urgences** *(Emergencias)* : ☎112 (police, pompiers et ambulances).
- **Urgences médicales :** ☎012.
- **Police nationale** *(Guardia Civil)* : ☎091.

Combien ça coûte ?

Hébergement bon marché : 30-50 € la nuit.

Hôtel moyenne gamme : 60-110 €.

Hôtel de grand standing : jusqu'à 250 €.

Formule *all inclusive* : 600-900 € la semaine dans un hôtel 3 ou 4-étoiles, vol inclus.

Repas dans un *chiringuito* ou un bar à tapas : 5-10 €.

Repas dans un restaurant classique : 15-25 €.

Repas gastronomique : autour de 40 €.

Ticket de bus urbain : 1,45 €.

Bière locale : 2 €.

Café : espresso 1,10 €, cappucino 1,60 €.

Entrée dans un musée : 5 €.

Décalage horaire

À Ténérife, il y a un décalage de - **1h** par rapport à la France.

Santé

Aucun vaccin n'est obligatoire pour voyager à Tenerife.
Avant votre départ, procurez-vous la Carte européenne d'assurance maladie (www.ameli.fr).

Voltage

Identique à celui de la France. Les prises de courant sont compatibles avec les fiches mâles françaises.

Arriver à Tenerife

Bus (compagnie Titsa)

Depuis l'aéroport Sur Reina Sofia

Départ au niveau 0 des arrivées.

- **Ligne 111** : relie notamment Santa Cruz (7,60 €), Los Cristianos (2,20 €) et Costa Adeje (3 €).
- **Ligne 711** : même trajet que la 111 mais de nuit, entre 22h et 6h du matin.
- **Ligne 343** : relie Puerto de la Cruz (13,65€) et Costa Adeje (3,70 €) en passant par les aéroports Nord et Sud.

Depuis l'aéroport Norte Los Rodeos

Départ au niveau -1, parking des bus.

- **Ligne 20** : relie Santa Cruz (2,65 €) et la gare routière de La Laguna (2,45 €).
- **Ligne 30** : relie Puerto de la Cruz (4,75 €).
- **Ligne 104** : relie l'aéroport à Santa Cruz et à tout le nord de l'île, jusqu'à Puerto de la Cruz.

Titsa : ☎ 922 53 13 00 • www.titsa.com • Tickets en vente dans les aéroports et les gares routières • Les cartes multi-trajets (voir p. 18) sont également valables sur les trajets depuis ou vers les deux aéroports.

Taxis

Ils sont tous garés au niveau 0 des arrivées des deux aéroports.

☎ 922 397 074 • www.officialtaxitenerife.com • Jour : 1,10 €/km, nuit : 1,26 €/km.

Voiture

Les compagnies de location sont toutes situées au sein des 2 aéroports.

Se déplacer

La voiture reste le meilleur moyen pour découvrir l'île, et notamment ses parcs nationaux. Dans les villes en revanche, vous pourrez faire la quasi-totalité des visites **à pied** ou en **bus** (qui, ici, se dit ***guagua***), voire en tramway (p. 18).

Réseau routier

Il est très étendu et bien entretenu.

Deux **autoroutes** relient le nord et le sud de l'île en longeant la côte : la **TF-1** relie Santa Cruz de Tenerife à Los Gigantes et aux stations balnéaires du sud de l'île en longeant la côte ouest ; au nord, la **TF-5** raccorde Puerto de la Cruz aux villes de La Laguna et de Santa Cruz. Un petit tronçon, la TF-2, fait la jonction entre ces deux autoroutes près de Santa Cruz.

Autres infos utiles

Offices de tourisme

Voir « À savoir » p. 18-19.

Téléphone

Le **réseau mobile** fonctionne bien sur l'île, à l'exception de quelques enclaves forestières, dans le Teno et l'Anaga notamment.

N'oubliez pas de **télécharger vos cartes routières** afin de pouvoir les consulter hors connexion, au cas où.

Les **frais d'itinérance** *(roaming)* ne sont pas facturés par votre opérateur mobile lors de vos voyages dans l'Union européenne. Les communications coûtent le même prix qu'en France.

Pour appeler la France : ☎ 00 33 puis numéro de votre correspondant sans le 0 initial.

Pour appeler l'Espagne depuis la France : ☎ 00 34 puis numéro de votre correspondant.

Courrier

Timbres en vente dans les bureaux de poste et de tabac. Les boîtes aux lettres de *Correos*, l'opérateur national, sont jaunes.

Jours fériés

- **1er janvier** : Jour de l'an *(Año Nuevo).*
- **6 janvier** : Épiphanie *(Los Reyes).*
- **Mars ou avr. : Jeudi saint** *(Jueves Santo)* et **Vendredi saint** *(Viernes Santo).*
- **1er mai** : fête du Travail *(dia del Trabajo).*
- **30 mai** : jour des Canaries *(dia de Canarias).*
- **15 août** : Assomption *(Asunción).*
- **12 octobre** : fête nationale (*dia de l'Hispanidad).* Anniversaire de la découverte de l'Amérique par Christophe Colomb.
- **1er novembre** : Toussaint *(Fiesta de Todos los Santos).*
- **6 décembre** : anniversaire de la Constitution espagnole *(dia de la Constitución).*
- **8 décembre** : Immaculée Conception *(Immaculada Concepción).*
- **25 décembre** : Noël *(Navidad).*

Où dormir ?

Tout est possible ! En fonction de votre budget et de vos envies, vous avez le choix entre différentes catégories d'hébergement, dont les prix varient également selon la période – en haute saison, la réservation à l'avance est très conseillée.

Apartamentos

Ces **appart'hôtels** sont classés de 1 à 4 clés. Vous y disposerez de l'espace suffisant pour vos enfants et d'une cuisine équipée donnant sur le séjour. Une durée de séjour minimale d'une semaine peut être imposée. Tarifs intéressants.

Hoteles rurales

Ces hôtels « ruraux » offrent authenticité (cadre de style traditionnel) et intimité (une douzaine de chambres en moyenne). De charme et souvent luxueux, ils sont relativement nombreux à Tenerife. Il est prudent de réserver assez tôt, parfois simplement pour trouver quelqu'un à la réception à votre arrivée…

Paradors

Il s'agit d'hôtels de luxe, installés le plus souvent dans un monument historique.

Casas rurales

Pour ceux qui recherchent indépendance et proximité avec la nature et les habitants, ces maisons au confort rustique sont financièrement intéressantes. Situées dans l'intérieur de l'île, elles sont souvent isolées, si bien qu'un véhicule est indispensable. Un séjour de 3 nuits minimum est souvent imposé. Il faut réserver auprès d'une centrale.

***Centrale de réservation pour les gîtes ruraux** : Asetur, www.ecoturismorural.com*

Complexes balnéaires

Principalement situés sur la côte sud, ils proposent piscines, bars, plusieurs restaurants, clubs et diverses animations sportives, loisirs ou relaxantes. L'orientation détermine le prix : il est plus élevé avec vue sur la mer qu'avec vue sur le jardin ou la rue.

La différence entre **les 3 et les 4-étoiles** porte sur la qualité de la restauration et sur les éléments de confort (climatisation, minibar, etc.). Les **5-étoiles** se distinguent par le raffinement apporté au cadre et au service ; leur restaurant peut se révéler une grande table.

Se restaurer

Quel restaurant choisir ?

Comme partout en Espagne, on retrouve les *restaurantes*, les bars à tapas et autres *bodegas*. Mais il existe aussi des établissements typiquement canariens, dont l'authenticité vaut le détour *(guachinches, cofradías...).*

Restaurante

Similaire au restaurant français, le classique *restaurante* propose une carte et souvent un menu du jour *(menu del día).*

Bar à tapas

Une institution 100 % espagnole, qui va du simple bar accompagné d'une *tapa* au véritable restaurant où faire un repas complet à table.

Dans la version bar, la carte est affichée au mur et les tapas se commandent au comptoir et se consomment généralement debout. Dans la version restaurant, on viendra prendre votre commande à table.

Bodega

Parfois situé au sein d'un domaine viticole, c'est une sorte de bar à vins qui propose une petite carte de tapas et de *raciones* (portions très copieuses, idéales à partager) pour accompagner le vin.

Guachinche

Les *guachinches* sont des tavernes saisonnières, qui ouvrent leurs portes seulement quelques mois par an et servent une cuisine concoctée à partir de produits de l'exploitation agricole sur laquelle elles sont installées.

Cofradía

Les amateurs de poissons et de fruits de mer s'attableront dans l'une des nombreuses *cofradías* (confréries de pêcheurs) que l'on trouve dans les villages de l'île. Les produits sont excellents et bien souvent, la vue sur mer est garantie.

Chiringuito

Petite gargote balnéaire au charme ensoleillé, idéale pour déjeuner sur le pouce, les pieds dans le sable. En général saisonniers, certains *chiringuitos*,

À savoir

- Pain, olives et aïoli sont servis d'office et sont facturés 1 ou 2 €. Vous ne pouvez pas les refuser...
- Comme en France, l'addition comprend toujours le service. Un pourboire de 10 % sera toutefois apprécié.

Se repérer

Toutes nos adresses de restos, bars et shopping sont positionnées sur les plans des visites. Chaque adresse est associée à une **pastille de couleur numérotée** :

- jaune pour les restaurants,
- violet pour les lieux de sortie,
- rose pour les boutiques.

plus élégants et bâtis en dur, restent ouverts toute l'année.

Horaire des repas

Les Tinerfeños mangent beaucoup plus tard que les Français. Ici, le déjeuner commence vers 13h et le dîner vers 20h30-21h. Mais rassurez-vous, le petit déjeuner est servi dans les bars jusqu'à 11h ou 12h…

Faire du shopping

L'artisanat canarien se déniche dans les petits villages de l'archipel plus que dans les boutiques des stations balnéaires – qui vendent parfois des produits dits « typiques » fabriqués en Asie… L'idée de cadeau se trouvera au hasard dans une petite boutique, à un étal de marché ou à la faveur d'une foire accompagnant une fête religieuse.

En tant que région ultra-périphérique, les Canaries jouissent d'une fiscalité réduite. Cependant, ne vous précipitez pas et comparez toujours avant d'acheter. Avec Internet, les prix ne sont plus aussi attractifs qu'avant.

Que rapporter ?

- **Alcools et tabac.** Les cigarettes sont vendues environ le tiers du prix pratiqué en France ; les alcools aussi sont moins chers. Les prix varient d'un magasin à l'autre. Attention, la douane n'appréciera guère un dépassement de votre quota de cartouches de cigarettes ou de bouteilles de whisky…
- **Alimentation.** Miels, *mojo*, confitures, fromages, vins : voilà sans doute les produits de terroir les plus authentiquement canariens à rapporter. Pour les acheter, préférez les **marchés** aux boutiques de souvenirs.
- **Artisanat.** L'artisanat canarien compte trois secteurs principaux : la **broderie à l'aiguille** et la dentelle, la **vannerie** (osier, jonc ou feuille de palmier) et la **poterie**, qui reprend notamment certains motifs guanches (des premiers habitants de l'archipel). On trouvera aussi des objets en lave, type bijoux ou déco.
- **Aloe vera.** L'Aloe vera, dont l'archipel est le premier producteur européen, se trouve très facilement à Tenerife. La plante de la famille des liliacées aux vertus cicatrisantes, connue

pour son effet bénéfique sur la peau et comme antalgique local, apaisera vos coups de soleil, entre autres bienfaits. Vous la trouverez sous différentes formes.

- **Vêtements et accessoires.** Le prêt-à-porter (notamment le cuir) coûte un peu moins cher qu'en France. Si vous passez à Santa Cruz de Tenerife, faites le tour des boutiques et allez au *Corte Inglés*, LE grand magasin espagnol.
- **Hi-fi, photo, informatique et téléphonie.** Vous trouverez une profusion de magasins high-tech dans les villes et les grandes stations balnéaires. N'hésitez pas à marchander si aucun prix n'est affiché, et sachez qu'il s'agit souvent de fins de série : vous ne ferez donc pas une si bonne affaire que ça!

Horaires des magasins

Les **centres commerciaux et les grands magasins** sont généralement ouverts du lundi au samedi de 10h à 22h. Les **boutiques**, elles, ouvrent plutôt de 10h à 13h et de 16h à 20h. D'une manière générale, beaucoup d'établissements sont fermés le dimanche et les jours fériés, sauf dans les stations balnéaires.

Fêtes et festivals

Le cœur de Tenerife bat dans ses multiples **carnavals**, mais aussi dans sa dizaine de ***romerías***, ces fêtes patronales populaires de tradition catholique, qui mettent à l'honneur le folklore canarien, avec des chars fleuris, des *rondallas* (musiciens) et des bals populaires. Les fêtes du **Corpus Christi** (**Fête-Dieu**) animent également plusieurs villes et villages de l'île, avec notamment la confection de tapis floraux.

Voici une sélection des principales manifestations. Vous trouverez la liste complète des fêtes et manifestations sur le site **www.webtenerifefr.com**.

Janvier

Carnaval de Santa Cruz de Tenerife

C'est le deuxième plus grand carnaval du monde, après celui de Rio de Janeiro. Pendant un mois, toute la ville bat au rythme des *rondallas, murgas* et autres parades. Absolument magique! Voir aussi p. 38-39.

www.carnavaldetenerife.com

Festival Internacional de Musica de Canarias

Festival de musique classique de renommée internationale, qui se tient pendant un mois dans toutes les îles de l'archipel.

www.icdcultural.org

Février

Carnaval de Puerto de la Cruz

L'un des plus traditionnels de l'île. Il anime les rues de la ville pendant une quinzaine de jours.

www.carnavalpuertodelacruz.net

Carnavals de Tacoronte et de La Orotava

Deux autres carnavals, également très populaires.

Mars-avril

Semana Santa

Festivités religieuses organisées dans plusieurs villes et villages de l'île. Les processions les plus impressionnantes sont celles de **La Laguna** et de **La Orotava**, mais aussi de **Puerto de la Cruz**, **Garachico** et **Icod de los Vinos**.

www.semanasantadelalaguna.com

Mai

Fêtes de Mayo de Santa Cruz

Commémoration de la fondation de Santa Cruz de Tenerife, avec bals, processions et concours de croix florales.

Romería guanche de San Isidro à Los Realejos

Dans la vallée de La Orotava, à 5 km de Puerto de la Cruz, une fête patronale centrée autour de la culture aborigène guanche et panachée de folklore canarien catholique.

El Beñesmen à Tagoror de la Vera (San Juan de la Rambla)

Cette *romería* guanche est l'une des fêtes les plus spectaculaires de la culture aborigène.

Mueca de Puerto de la Cruz

Festival international d'arts de la rue.

www.festivalmueca.com

Juin

Corpus Christi de La Orotava

Cette Fête-Dieu, célébrée le 2e jeudi après la Pentecôte, est la plus célèbre de l'île (encadré p. 84). On y voit les fameux tapis de fleurs et de sable du Teide.

Corpus Christi de La Laguna

L'une des Fête-Dieu les plus anciennes de l'île, avec tapis floraux et procession du Santisimo Sacramento.

Romería de San Isidro de Labrador à La Orotava

À la suite du Corpus Christi, cette *romería* dont les origines remontent au XVIIe s. vaut également le détour (chants, danses, divertissements, cuisne canarienne...).

Tenerife Blue Trail

73 km à parcourir, du sud au nord, au départ de **Vilaflor**, à travers notamment le parc du Teide, pour atteindre Puerto de la Cruz en moins de 16h. Dénivelé total : 7140 m !

www.tenerifebluetrail.com

Juillet

Romería de San Benito Abad à La Laguna
Pèlerinage, chars fleuris et foire artisanale.

Août

Fiesta de la Virgen de Candelaria
Les 14 et 15 août, la fête de la Vierge de Candeleria, patronne générale des Canaries, est célébrée dans une très grande ferveur populaire et religieuse à Candelaria (p. 30) et rassemble des pèlerins venus de toute l'île. L'après-midi du 14 a lieu notamment la cérémonie de l'apparition de la Vierge aux ancêtres guanches.
www.candelaria.es/fiestas-en-honor-a-la-virgen-de-candelaria-agosto/

Romería de San Roque à Garachico
Le 16 août. Un pèlerinage très populaire, avec chars fleuris, *rondallas* (musiciens) et parade maritime.

Novembre

Fiestas de San Andrés à Puerto de la Cruz et à Icod de los Vinos
Dans cette région vinicole, les vendanges, très festives, donnent lieu à différents rituels populaires.

PETIT LEXIQUE

- **Bonjour (matin)** : *buenos días, hola*
- **Bonjour (après-midi)** : *buenas tardes*
- **Bonsoir, bonne nuit** : *buenas noches*
- **Au revoir** : *adiós*
- **Merci beaucoup** : *muchas gracias*
- **Excusez-moi** : *perdón, disculpe*
- **S'il vous plaît** : *por favor*
- **Je ne comprends pas** : *No entiendo*
- **Je voudrais une chambre double** : *Quisiera una habitación doble*
- **Je voudrais réserver une table** : *Quisiera reservar una mesa*
- **Oui/non** : *si/no*
- **Un peu** : *un poco*
- **Parlez-vous le français ?** : *¿Habla francés ?*
- **Combien ça coûte ?** : *¿Cuánto vale ?*
- **C'est trop cher** : *Es demasiado caro*
- **Aujourd'hui** : *hoy*
- **Hier** : *ayer*
- **Demain** : *mañana*
- **Tôt** : *temprano*
- **Tard** : *tarde*
- **Quelle heure est-il ?** : *¿Qué hora es ?*
- **Ouvert/fermé** : *abierto/cerrado*
- **À droite** : *a la derecha*
- **À gauche** : a la izquierda
- **Addition** : *cuenta*
- **Argent/banque** : *dinero/banco*
- **Autobus** : *guagua* (aux Canaries)
- **Bagages** : *equipaje*
- **Bière** : *cerveza*
- **Billet A/R** : *billete de ida y vuelta*
- **Boutique** : *tienda*
- **Chambre** : *cuarto, habitación*
- **Distributeur automatique** : *cajero automático*
- **Eau** : *agua*
- **Encore** : *todavía*
- **Marché** : *mercado*
- **Poste** : *correos*
- **Prix** : *precio*
- **Rue** : *calle*
- **Route** : *carretera, camino*
- **Toilettes** : *servicios, retrete*
- **Soldes** : *rebajas*
- **Voiture** : *coche*

Playa del Duque à Costa Adeje

INDEX

Randonnées

Crédit photographique

Intérieur

Adobe Stock/Ekaterina Belova : p. 1 • C.Castilla : p. 3 ht et 5 bas • Nido Huebl : p. 3 mil. et 69 • Olenatur : p. 4 ht et 92 • MIGUEL GARCIA SAAVED : p. 4 mil. • cristianbalate : p. 4 bas, 7 ht et 8 bas • Stephen Davies : p. 7 mil. • SOMATUSCANI : p. 8 mil. • underworld : p. 9 ht • pkazmierczak : p. 13 et 74 • Ines Porada : p. 14 • davidionut : p. 17 • rh2010 : p. 21, 28, 43, 81 et 113 ht • Toms : p. 24 • Martin Valigursky : p. 29 • Balate Dorin : p. 30 • Aleksandar Todorovic : p. 53 • marmesis : p. 54 • Maritxu22 : p. 57 • stuart : p. 64 • nikkytok : p. 65 • Henner Damke : p. 66-67 • Nido Huebl : p. 69 • unai : p. 70 • stephane : p. 75 • Rechitan Sorin : p. 76 • Ruben Chase : p. 77 • dziewul : p. 80 • Guillermo Enrique : p. 86 et 109 • Frisionum : p. 87 • Mike Mareen : p. 88 et 123 • thecriss : p. 91 • Martina : p. 93 bas • Sergey Kohl : p. 94 • s-aznar : p. 78, 99 et 122 • Ricardo Algár : p. 106 • AJM : p. 108 • Guillermo Enrique : p. 109 • AlexanderNikiforov : p. 111 • Bentor : p. 116 • Tomas : p. 117 • Sandis : p. 121 • Mike Mareen : p. 123 • Freesurf : p. 125 • Anna Lurye : p. 133 ht • lunamarina : p. 133 bas • tomikk : p. 134 et 154 • Ingo Bartussek : p. 135 • Konstantin : p. 138.

Age Fotostock/Jan Wlodarczyk : p. 8 ht • F. Schneider/imageBROKER : p. 9 bas • Peter Schickert/image BROKER : p. 9 ht dr. • Javier Larrea : p. 47 • Zoonar.com/Svetlana Mandrikova (@Svetography) : p. 132.

Hemis/BIBIKOW Walter : p. 15 • Jon Arnold Images : p. 20 • Alamy/imageimage : p. 27 • GERAULT Gregory : p. 37 et 127 • Alamy/Mehdi33300 : p. 40 • LEMAIRE Stéphane : p. 52.

Laguna Nivaria Hotel & Spa : p. 50.

Manon Liduena : p. 10 g., 11 bas, 33, 44, 55, 59, 62, 85, 90, 101, 102, 103, 107 ht g. et dr., 113, 118, 119, 130 et 139.

Occidental Santa Cruz Contemporáneo : p. 148.

PhotoNonStop/Karol Kozlowski/Robert Harding : p. 7 bas • Chris Parker/Axiom/Design Pics : p. 9 mil.

Shutterstock/Anna Lurye : p. 3 bas • Johannes Rigg : p. 5 mil. • Ninafotoart : p. 39 ht g. • Salvador Aznar : p. 61 • svf74 : p. 71 • Baisa : p. 79 • trabantos : p. 83 • Wirestock Creators : p. 98 • Salvador Aznar : p. 100 • phortun : p. 105 • vasanty : p. 120 • Pawel Kazmierczak : p. 129 • imageBROKER.com : p. 131 • Salvador Aznar : p. 143.

Nous adressons tous nos remerciements aux établissements suivants pour nous avoir permis de publier leurs photos :
Restaurant Sabela © Estefania Briganty : p. 10 dr. et 34 • **Parador Las Cañadas del Teide :** p. 11 ht • **Café-pâtisserie La Palmelita** © Buen Grano : p. 32 • **Laguna Nivaria Hotel & Spa** : p. 50 • **Restaurant Tasca 61** : p. 48 • **Casa-Museo Cayetano Gómez Felipe** : p. 49 • **Chalet Anagato** © Jesús Del Álamo : p. 60 • **Hôtel Occidental Santa Cruz Contemporáneo** : p. 148.

Couverture

Plat 1 : Maisons colorées de Puerto de la Cruz © **AdobeStock/Tula L.**
Plat 4 : Plage de Las Teresitas © **Shutterstock/leoks.**

L'auteure de cette édition, Manon Liduena

Voyageuse dans l'âme et journaliste de formation, Manon a fait de sa passion un métier en écrivant des guides de voyage. Voilà bientôt quinze ans qu'elle sillonne la planète dans tous ses recoins, de la Nouvelle-Zélande à la Laponie. Pour ce guide, elle a arpenté Tenerife de long en large pour dénicher les meilleures adresses et vous faire partager ses coups de cœur.

Plusieurs des randonnées proposées dans ce guide ont été rédigées par Christine Costenza.

Hachette Tourisme
Direction : Sidonie Chollet
Direction éditoriale : Cécile Petiau
Édition : Béatrice Hemsen-Vigouroux
Lecture-correction : Marie-Pia Verguin
Ont aussi collaboré à cet ouvrage : Hugo Caesar, Sabrina Haddadi et Émilie Saint-Pastou
Cartographie : Frédéric Clémençon et Aurélie Huot
Fabrication : Liza Sacco
Conception graphique de la maquette intérieure : Minsk Studio
Conception graphique de la couverture : Studio POLI&CO
Illustrations : Minsk Studio
Contact presse : rmazef@hachette-livre.fr • 01 43 92 36 66
Contact publicité et partenariats : partenariat-tourisme@hachette-livre.fr

Aussi soigneusement qu'il ait été établi, ce guide n'est pas à l'abri des changements de dernière heure, des erreurs ou omissions. Ne manquez pas de nous faire part de vos remarques. Informez-nous aussi de vos découvertes personnelles, nous accordons la plus grande importance au courrier de nos lecteurs : weekend@hachette-livre.fr.

Édité par Hachette Livre (58, rue Jean-Bleuzen, CS 70007, 92178 Vanves Cedex)
Imprimé par Polygraf (Capajevova 44, 08199 Presov, Slovaquie)
Achevé d'imprimer : janvier 2023
ISBN : 978-2-01-718549-9 • 57-6664-9
Dépôt légal : janvier 2023 • Collection n° 44 • Édition 01